한여름의 활자들

한여름의 활자들

발행	2022년 09월 15일
저자	고은진, 오가영, 영다정, SWAN, 이인혜
펴낸이	강남글방
펴낸곳	주식회사 한태
출판사등록	2022. 01. 19(제2022-25호)
주소	서울특별시 강남구 테헤란로13길 24 4층
E-mail	contact@geulbang.co.kr
ISBN	979-11-978-5956-4

www.geulbang.co.kr

한여름의 활자들

고은진, 오가영, 영다정, SWAN, 이인혜 지음

차례

———

제3장

그날의 노을 모음 _ 영다정

———

제4장

감수성의 역사 _ SWAN

──────

제5장

하루 _ 이인혜

들어가는 글

당신은 왜 글을 쓰나요.

강남글방을 찾는 대부분의 사람들에게 질문을 던져보곤 합니다. 저마다의 이유들이 있지만 결코 그 이유들은 마냥 가볍다고도, 무겁다고도 할 수 없습니다. 수많은 사연들을 층층이 쌓아 한 발작 떨어져 살펴보면 '아. 그냥 자연스러운 일이구나.' 생각이 듭니다. 아홉 명의 3기 사람들의 글도 다르지 않습니다. 살아가는 어느 날 문득 스스로와 세상에 고해하듯 글을 써내려갔습니다. 실을 엮어 옷을 만듦과 다름없이 문장들을 엮어 한권의 책을 만들었습니다. 살아가다보니 자연스레 그렇게 되었습니다. 그리 특별한 것은 아니지만 어쩌면 많은 이들이 원하는 평범한 삶을 완성시켜가는 자연스러움일지도 모르겠습니다.

어떤 인연으로든 여기에 그들이 숨 쉬듯 남긴 글들을 마주하게 될 독자님들. 여러분을 만난 것 역시 우리가 살아가는 어느 날의 자연스러움이기를 바라겠습니다.

글방지기 올림

제1장

제네시스투세븐틴

고은진

제네시스투세븐틴

선악을 알게 하는 나무의 열매는 먹지 말라.
네가 먹는 날에는 반드시 죽으리라 하시니라.
- Genesis 2:17-

고은진

세례명은 가브리엘라.

목 차

세 바텐더 이야기

A Tale of Three Bartenders

내가 사귄 바텐더는 총 세명이다.

클래식 바텐딩의 세계라고 했다. 세계라니. 거창했다.

나는 바텐딩의 세계를 잘 알지는 못했지만 하나같이 바텐더 셋 모두 큰 자부심을 가지고 있었다. 나는 그것에 대해서 전혀 신경 쓰지 않았다. 무심하다고 했을 정도로. 그리고 지금도 신경 쓰지 않는다.

셋 모두 스스로를 바텐더 또는 믹솔로지스트라고 불렀다. 우스웠다. 고스톱 패 섞는 거랑 뭐가 다른지 속으로 생각했다. 이런 생각을 밖으로 드러내지 않았다. 내봤자 좋을 게 없으니. 이런 견해는 지금도 여전히 같다. 그냥 술 따르는.

바텐더 1은 나이가 28살 정도. 몸이 외소 했다, 165 될까? 암튼, 내가 168인데 큰 느낌이 없었다. 바텐더 1은 어깨가 워낙 없고, 좁아서 맞춤 재킷에 어깨 패드를 2개 정도를 넣어야 각이 살아날 정도였다. 셀카를 찍은 것을 보면 어깨가 다 드러나게 찍지 않았다. 나중에 남들에게 바텐더 1의 사진을 보여줬는데 남녀 불문 어깨가 좁다고 했다. 지금도 종종 바텐더 1의 사진을 남들에게 보여준다. 모두 하나같이 어깨가 좁다는 말을 한다. 특히, 건장한 남아들이 보면 보통 이정도 수준의 답이 나온다.

"어좁이 수준을 지나서 심각하네."

나는 그들의 비웃음을 얻기 위해서 일부러 사진을 보여주는 편이다. 기분이 묘하게 좋다.

바텐더 1과 나는 나이 차이가 10살 남짓 났다. 바텐더 1은 4년 사귄 8살 연상의 여성이 있었다. 나랑 특별히 다를 것 없는 나이였다. 2살이면 뭐 많이 나는 건가? 바텐더 1은 연애 중이긴 했으나, 시기 상 심심했을 꺼라 짐작한다. 바텐더 1과 나는 총 10번 남짓 데이트를 했다. 아침부터 밤까지 같이 있는 시간으로 따지면 거뜬히 100시간은 되리라. 아니면, 그 이상.

바텐더 1은 운전면허가 취소되었다고 했다. 이유인 즉, 술에 만취해서 운전을 하고 차 안에서 자고 있는데 경찰이 왔단다. 버러지 같다고 생각했다. 나는 운전하는 것을 즐겼기 때문에 주로 내 차로 이동했다. 사실은 대중 교통이 싫었다.

바텐더 1은 많이 울고 불고 했다. 눈물을 흘리지는 않았지만 오랫동안 본인 얘기를 했다. 거의 들어주는 편이었다. 어차피 나는 많이 얘기하는 편이 아니다. 바텐더 1은 본인 아버지가 생모를 쫓아낸 얘기, 생모보다 20살은 어려 보이는 여자를 임신시키고, 당신 집 앞마당에서 성대하게 결혼식을 했던 일. 바텐더 1 친구가 어느 날 술자리에서 그때 얘기를 나한테 몰래 해줬는데 프랑스나 이탈리아 영화에서 나올법하게 집 마당에서 꽃장식으로 집 펜스를 꾸미고 길고 긴 테이블에 여러 테이블 웨어를 깔고 낮에는 낮대로, 밤에는 밤대로 초를 켜고 음악을 틀었다고 했다. 낭만 그 자체라고 했다.

바텐더 1은 결혼식 날 아버지께 축하의 말을 전했다고 했다. 생모를 버린 생부의 결혼식에서의 축사였다.

"새로운 출발을 축하드려요. 행복하시길 바라요."

배다른 동생은 여자아이, 아니, 여자 아기. 바텐더 1과는 20살이 넘게 차이나는 것이다. 바텐더 1 의 딸이라고 해도 될만한 나이차이. 바텐더 1 자신의 엄마가 소중하게 가꾸던 정원과 마당의 닭장, 장미들. 이제는 계모와 배다른 여아의 것이다. 바텐더 1의 엄마가 키워오던 개가 갑자기 죽었는데 바텐더 1본인 생각에는 새어머니의 독살인 것 같다는 추정. 이런 잡다한 이야기들을 쏟아 냈다. 들어주는 입장인 나는 딱히 공감가지 않는 주제들이었다. 모두 파격적이고 편집증적이고 신경증적인 표현들이었다. 바텐더 1은 한이 많은 아이 같았다. 공감이되지 않는 이야기들이라 나는 딱히 반응하지 않고 조용히 들어 주는 편이었다. 바텐더 1은 마치 본인이 소설의 주인공인양 스스로를 신파의 주인공으로 몰아갔다. 그야 말로 드라마 퀸, 아니 드라마 프린스 였다. 왕이 될만한 감은 아니었기에. 바텐더 1의 세계관은 장르가 불분명했다.

- 그러니 니가 이 모양 이 꼴이지.-

바텐더 1은 술을 먹고 전화하는 것을 좋아했다. 나도 심심해서 받아 주니 한두 시간은 금방 갔다. 바텐더 1의 여자 친구한테 야동을 본 것을 들켰는데 싸웠다며 내 의견을 물었다.

"그게 그렇게 화낼 일이에요?"

바텐더 1은 내일은 친구들이랑 캠핑을 갈 건데 어차피 남자들 캠핑이라 옆 텐트에나 관심 있을 거라 기대도 안된다는 얘기를 했다.

"내가 거기 갈까? 어딘지 알려줘."

"오오 당신은 정말 올 것 같아."

"가고도 남지."

새벽에 전화해서 닭소리가 날 때까지 전화한 적도 있다.

"이제 닭이 우는데?"

"저 닭 미쳤어."

지겹도록 말이 많은 아이였다. 바텐더 1은 절대 나에게 존대하지 않았다. 가정교육의 문제라고 생각했다. 버러지는 버러지를 낳으니까.

바텐더 1을 처음 만난 날은 그의 퇴사 일이라 만들어준 칵테일을 마셔본 기억이 없다. 맛있었으면 기억나겠지. 처음 만난 날 오피스텔에 바텐더 1을 데리고 왔다. 키스하다가 내가 아끼던 줄리앙 석고 흉상을 뒤꿈치로 까부셔 버렸다. 산산조각. 아침에 조용히 치웠다. 아끼던 거라 기분이 썩 좋지는 않았다.

바텐더 1이 느지막이 자고 일어나길래 샤워를 하라고 하고 내 파자마를 주었다. 유니섹스 사이즈라 잘 맞았다. 바텐더 1은 그 정도로 작고 왜소했다. 미리 주문해 놓은 포장용 박스를 던져 주면서 조립하고 테이프를 붙이라고 했다. 사나흘 내로 다시 집으로 들어가게 된 처지라 며칠에 걸쳐서 혼자 짐을 옮기는 던 중이었다. 일을 곧 잘했다. 테이프를 야무지게 붙였다. 집에 있던 오렌지를 까서 먹여 주었다. 큼지막하게 까서 과육을 입에 넣어 주었다. 한입 가득 물어서 씹더니 과일을 오랜만에 먹어 본다고 했다.

"바텐더 하면 가니쉬 만들지 않아?"

"만들기는 하는데 과육을 먹지는 않아. 과육은 짜서 재료로 쓰니까. 이거 되게 맛있다."

"많이 먹어 한 개 더 있으니."

그때가 4월 중순이었으니 오렌지가 실했다. 지금도 오렌지를 보면 바텐더 1이 생각난다.

바텐더 1이 조립한 상자에 옷들을 넣었다. 복층 오피스텔이라 바텐더 1은 계단에서 나를 보고 앉아있었다. 핸드폰을 안 하고 짐 싸는 것을 보길래 내심 기분이 좋았다.

"거의 대부분 폴로네."

맞는 말이라 대꾸하지 않았다. 11월부터 4월까지 살았으니 스웨터에 코트에 부피가 컸다. 총 4박스. 바텐더 1은 내가 운전하는 동안에도 조수석에서 쉬지 않고 말을 했다. 마치 말을 못해서, 들어주는 이가 없어서 한인것 같이. 바텐더 1집 앞 카페에 주차 자리가 있어 주차를 하고 커피를 마셨다.

"눈동자가 이쁜 것 같아."

바텐더 1을 다시 만난 것은 그로부터 3일 뒤였다. 집 앞으로 차를 몰고 갔다.

"일본음식 먹으러 가자. 전화해 봐야겠다."

"잠깐만요. 저기 공원에 잠깐 세워 봐요."

"미안한데 우리 이러면 안 될 것 같아요."

"?"

나는 대꾸 없이 핸들을 보았고 꽉 쥐었다. 약간의 짜증이 올라왔다. 속으로 말했다.

- 그냥 대충 놀면 되잖아. 병신 뭐라는 거야. -

"여자 친구도 있고, 이러면 안 될 것 같아요. 죄송해요."

바텐더 1은 차문을 열고 나가 버렸다. 나는 1초도 지채 않고 시동을 걸어 집으로 귀가했다. 그날 어떤 일을 했는지 기억이 안 난다. 중요하지 않으니. 난 사귀자고 한 적이 없는데. 왜 그런 거절의 말을 들어야 하는지 이해가 안 됐다.

- 오라고 할 때는 언제고 이제와서 어쩌라는 거야?-

바텐더 1은 백수였으니 시간이 많이 남았다. 여자 친구는 일을 하니 시간이 많이 남는 것. 그런 이상한 말을 해놓고도 나와 계속 연락했다. 병신 같지만 그냥 받아 주었다. 시시콜콜한 대화를 했다. 바텐더 1은 마치 자신이 나와 사귀는 것 같다고 했다. 어디 갔고, 어디 있고. 날씨 얘기. 나는 친구랑 술 마시는데 그날 와인 병을 내가 오픈했다. 동영상을 보냈다.

- 잘하네. 이쁘다-

뭐 당연한 말이지만 기분이 좋았다. 바텐더 1을 만나기 전에 나는 남자에 대해 변곡점이 있던 터라 바텐더 1을 좋아하는 것, 아니 긍정적인 감흥이 이는 것에 대한 큰 의미를 두었다. 종종 병신 같아도 받아주었다. 나도 누구 다시 좋아 알 수 있네? 스스로에게 흥분했다. 아! 좋아할 대상이 생겼다니 얼마나 좋은 일인가?

나는 추적 관찰을 좋아한다. 그리고 그 사람이 변하는 모습을 보는 것을 매우 즐겨하는데, 바텐더 1은 머리숱이 없고 가는 편이었다. 3년 후의 바텐더1의 지금 머리 상태는 안쓰러울 정도로 대머리가 진행 중이었다. 유전이겠지. 나는 바텐더 1의 집에 간 적이 있다. 그의 생부와 계모를 본 적이 있다. 그의 생부는 대머리다. 바텐더 1은 자연의 섭리로 대머리가 될 것이다. 얼른 약을 먹길 바란다. 하긴, 발기가되었다가 중간에 죽었던 바텐더 1.

물렁물렁.

"우리 할 때 계속 예뻐해 주다가 중간에 죽으니까 맘에 걸려."

"괜찮아."

- 너랑 섹스해서 만족감을 느낄 필요는 딱이 없으므로. 그냥 불량품 모으는 재미인데. 뭐. 어때.-

이런 내 속내까지는 말해 줄 순 없잖아.

바텐더 1은 본인 여자 친구도 간 적이 없는 그의 집과 방에 나를 선뜻 들여 주었다. 바텐더 1의 고약한 생부와 표독스럽다던 계모도 만났다. 그 계모, 주방에서 사건도 참 웃겼는데. 나중에 기회가 되면 바텐더 1집에서 있었던 얘기도 해야지. 입이 간질거려서 못 살겠다. 현재 근 10년을 사귀고 산티아고 순례자의 길을 간 여자 친구는 이걸 알면 어떤 기분일까? 바텐더 1은 나에게 이런 메시지를 보낸 적이 있다. 글자 그대로 알려드리리. 정말로 병신.

- 나도 매일매일 아프고 배이고. 그렇게 하루 또 하루 살아가요. 죽을 것 같아 근데 우리 더하면 안돼요. 잊고 살아봅시다. 나도 당신 잊는 게 너무 힘들어-

취해서 썼거나 맨정신에 썼어도 여전히 문제다.

*

바텐더 2는 덩치가 산만했다. 내 아버지와 비슷한 몸이었다. 나는 그런 몸을 좋아하기도 그런 몸을 극도로 꺼리기도 한다. 양가감정. 바텐더 2는 나랑 동갑이었고, 수면장애를 앓고 있었다. 술은 십대부터 마셨고, 바텐딩도 오래 했기 때문에 밤낮이 바뀌는 일이다 보니 자연스레 수면장애가 생겼다고 했다. 나는 하루하루 시간이 가는 게 너무 아까워서 매일 아침에 단장을 하고 바텐데 2집으로 갔다. 그는 매일 매번 잠에 취해있었다.

"그럼 나 밖에서 공부하고 있을게."

바텐더 2는 마다하지 않고 잠으로 되돌아갔다.

바텐더 2는 오후 3시경에 겨우 깨어나 데이트를 시작했다. 기다리는 동안 3-4시간 정도는 공부를 했다. 시간을 허투루 쓰지 않았다. 편하지 않은 카페 의자에서 공부를 하며 기다리는 것이 짜증이 났다. 하지만 수학 과외 숙제를 차분이 할 수 있어서 나름 괜찮았다. 미적분과 통계 증명방법을 처음으로 배우던 중이라 신기하고 흥미로웠다. 새로운 것을 배우는 것의 희열은 이루 말할 수 없다. 바텐더 2와의 데이트와는 비교가 되지 않았다. 오히려 수학 과외 숙제를 하는 그 기다림의 시간이 더 즐거웠다. 지금 와서 생각하니 그렇다.

- 이거 하고 깨워서 술이나 마셔야지. 오늘도 너무 열심히 공부했어.-

바텐더 2는 항상 본인은 피곤하고 쉬어야 했다. 나는 반대로 시간을 쥐어짜서 노는 거라 에너지가 넘쳤다. 시간은 돈으로 살 수 없다. 바텐더 2는 적당히 처음에는 맞춰 주다가 집구석 데이트를 은근히 유도했다. 바텐더 2집은 넓지 않은 단독주택의 1층에 있는 쪽문 집이었다. 나는 그런 빨간 벽돌의 다세대 주택에 매우 훤히 알고 있다. 나는 다세대 주택에서 오랫동안 살았다. 우리 가족은 맨 위층에 살고 아래 지상층 2개와 반지하층 2개를 세를 놓았기 때문이다. 바텐더 2집에 있으면 답답했다. 내가 사는 아파트보다 좁다. 나는 바텐더 2 집에서도 술이나 먹고 농담이나 따먹고 그야말로 술시중을 드는 시종을 원했다. 바텐더 2는 내가 집에 갈 때면 본인의 Identity에 대해서 물어봤다.

"우리 무슨 사이야?"

나는 속으로 박장대소했다.

"…"

- 술 시중드는 종.-

바텐더 2는 푸들을 키웠다. 나는 사람인지라 개에게 좋은 감정이 먼저 들지 않았다. 그래도 그냥 좋아하는 척해주었다. 나도 개를 키워서 개 다루는 것은 익숙하다. 바텐더 2는 나에게 어느 날 말실수를 했다.

"아 이렇게 행복할 수가 있나?"

".. 행복해?"

"응, 그냥 이렇게 쉬는 날 사랑하는 사람이랑 강아지랑 있는 것이."

"너도 참 소박하다."

"그렇지? 나는 그냥 일 다녀와서 집에서 이렇게 쉬고 너는 집에서 개 돌보고…"

"…..?.."

바텐더 2는 실수를 알아차렸는지 주제를 급하게 바꿨다.

- 내가 내 개가 있는데 이 좁은 집구석에서 니 개를 돌보고 너만 기다리라고? 고작 술이나 따르는 주제에, 벌어도, 모아도 내가 너보다는 많을 텐데. 내가 이렇게 좁은 공간에서 니 개를 키운다고? 너를 기다린다고? -

그때 쯤 들어본 말 중에 가장 최악이었다.

바텐더 2는 여느 좀 큰 바의 지배인이었다. 그야말로 머슴인데 머슴 중에도 상머슴. 신경 쓸 일이 많아 보였는데 나는 전혀 배려하지 않았다. 배려는 왜 해줘야 하는지도 모르는 나.

- 나랑 만나려면 이 정도는 해야지.-

바텐더 2는 약간 구식으로 바 운영을 했다. 특히, 일을 잘못하는 어설픈 친구들에게는 따로 불러서 얼차려 같은 것을 주었다. 나는 예쁜 옷을 입고 예쁘게 화장을 하고 위스키를 마시며 그 장면을 창 밖으로 여러 번 보았다. 바텐더 2가 혼내는 내용은 모르겠으나 불려간 애들은 군대에서 선임이 후임을 갈구는 모양으로 두 손 두 발을 모으고 머리는 조아렸다.

- 저런 거 나 다니던 회사에서 했으면 직장 내 괴롭힘으로 인사 위원회 회부 감인데. F&B는 역시 구식이네. 그래, 술이나

따르는 애들이 뭘 알겠냐만은.-

바텐더 2는 자주 음주 운전을 했다. 바텐더들의 습관인 것 같다. 나는 그 차를 타고 종종 밤 드라이브를 다녔다. 아무렇지 않게 생각하는 내가 스스로도 혐오스러웠다.

"아까 나랑 술 마셨잖아. 운전할꺼야? 대리 불러."

"아냐 이정도는 면역되서 괜찮아."

바텐더 2와 일식이 나오는 위스키 바에 갔는데 탈리스커를 1병 시켜 놓고 이것저것 시켜 먹었다.

"비린 게 세상에서 제일 싫어."

- 너 강아지 이름 비린 해산물 중에 하나 잖아. 풉-

"너는 내가 안 비려? 그러니까 이상하다거나 경멸스럽다거나."

"아니, 너는 체리 같아. 베리 계열"

"그래?"

사장은 나와 안면이 있는 터라 듣고도 그냥 그러려니 하고 지나갔다. 사장은 속으로 웃었고 나도 웃었다 우리는 서로 잠깐 1초 정도 눈을 맞췄다.

-누님, 저 놈도 심심해서 거느리고다니 시는군요.-

-응.-

바텐더 2는 담배를 피우러 간다고 하고 없어졌다. 10분이 되어도 돌아오지 않았다. 그래서 사장이랑 나는 농담을 했다.

"도망갔나 봐."

"그런가 봐요. 누님."

바텐더 2는 꽃을 들고 왔다. 그날은 비가 왔었다. 빗길에 10분을 걸어서 꽃을 사 온 것이다.

"어머, 나 꽃 좋아하는 건 어찌 알고."

"당연히 알지."

"고마워".

사장과 나는 또 웃었다.

-병신이네 병신.-

어차피 나는 꽃을 사고 꽃을 정리하고, 꽃을 가꾸는 것에 매우 익숙해서 뿌리 밑에 물을 올리게 해 놨는지부터 보았다. 사실 어느 꽃을 좋아 하고 어떻게 선물하라고 시시콜콜 손바닥 반 정도의 장문의 글로 적어서 메시지를 보내준 적이 있었다.

"잘했네!"

"응 네가 저번에 적어 준 대로 했어."

"너무 고마워".

- 품. 진짜 하라는 대로 하네. 오죽 좋으면 저럴까.-

나와 사장은 안쓰럽다는 표정을 주고받았다.

-누님, 적당히.-

-왜 웃기잖아.-

바텐더 2와 그날 2차를 갔다. 당연히 또 일식이었다. 하이볼의 명가랄까? 하이볼의 명가 사장도 나와 면식이 있다. 나는 일단 안전한 곳만 맴도는 성격이다. 모르는 곳에 가봤자 나에게 좋을 게 없다. **이 글을 읽으시는 여성분들은 명심하길** 바란다.

내가 제일 좋아하는 참치 메뉴를 시키고 하이볼 2잔을 주문했다. 바텐더 2는 가게를 둘러보았다.

"어때? 좋지?"

"으응."

바텐더 2의 반응이 영 별로 였다. 바텐더 2는 이런 곳에 익숙하지 않은 것일까? 이자카야랑 클래식 바텐딩의 세계는 멀고도 먼 간극이 있는 것이었다. 내가 주문한 하이볼이 나왔다. 하이볼의 명가에서 자랑스럽게 선보이는 산토리 카쿠 하이볼. 나는 한잔을 쭉 들이켰다.

"캬 역시 맛있다."

"…"

바텐더 2는 리엑션이 없었다.

"왜? 별로야? 싱거워? 내 친구들이 여기 좀 싱겁다고 하긴 했는데."

"…"

바텐더 2가 여러 번 물어도 시큰둥했다.

"왜 그래? 별로야?"

바텐더 2는 설명을 했다. 그 방법과 말투가 종업원 혼내는 투였다.

"원래 얼음이라는 건 그냥 얼음이 아니야. 적당한 온도에서 예쁘게 얼려진 얼음이 있고 낮은 온도에서 너무 꽝꽝 얼은 쫀쫀한 얼음이 있지. 하이볼은 이렇지 않아. 얼음이 너무 쫀쫀해."

"오~"

바텐더 2는 동네 이자카야에 와서도 얼음을 운운하는 것이었다. 나는 매우 신기하다고 생각했다.

-그야말로 염치없는 놈이네.-

상황마다의 본인의 위치를 잘 모르는.

바텐더 2 집에는 하얀색 작은 보드가 있었는데 입영 통지서가 붙어있었다. 오래된 것이었다. 특전사.

더 물어보지 않았다. 바텐더 2는 군대를 일반병으로 다녀왔다. 처음에는 특전사로 입영통지를 받았으나 몸상태 때문에 귀가하여 다시 일반병으로 군의 의무를 한 것이다. 바텐더 2는 특전사에 대한 자격지심이 있어 보였다. 바텐더 2는 손도끼를 머리맡에 두고 잤다. 아님 뭐, 나이프 언더니스 필로우 (knife underneath pillow) 같은 것일까? 액땜? 정신 사나우니까 그러겠지 이해는 된다.

바텐더 2는 내가 바에 갔던 날, 마침, 그의 모친과 동생의 저녁이 우연히 겹쳤다고 알렸다. 바텐더 2는 내가 먼저 당도했으니 먼저 알리고 싶었으리라.

"너에게 100% 서비스 못 할 수도. 미리 미안!"

나는 시원하게 답했다.

"소개해줘."

"괜찮아? 진짜? 괜찮겠어?"

"응"

바텐더 2는 어머니와 여동생을 내가 앉은자리 근처에서 저녁식사를 하게 했다. 식사가 끝나고 식 후 음료를 마시는 때에 나를 그들에게 소개해주었다. 바텐터 2의 어머니는 나에게 바텐더 2와 그의 여동생은 태어날 때부터 가톨릭이고, 바텐더 2는 복사까지 했다고 했다. 우리 넷은 서너시간을 즐겁게 지내고, 어머니와 여동생은 터미널 시간 때문에 먼저 자리를 떴다. 바텐더 2 어머니는 가톨릭의 광신도였다. 나는 여러 모습의 광신도를 잘 알고 있었다.

"지금은 저리 냉담하고 사는 것이 너무 안타까운데 어느 날 명동성당 가서 미사 드리는 사진을 보냈더라고요. 너무 행복했어요. 내가 눈물이 다 나더라고. 우리 애랑 그날 같이 갔죠? 종종 데려가 줘요. 부탁이에요. 내가 한 10년을 기도를 했어도 안 가던 애인데. 어떻게 갔을려나 싶어요. 같이 가자고 했죠? 너무 고마워요. 내가 그날 한달음에 가서 감사 기도 드렸잖아."

- 그날 내가 찍어준 사진이지. 여러 명이 행복했을 사진이다. 나는 역시 착해. 복사는 아무나 하는 건가? 그것도 잘 모르겠다. 알 필요가 있나 싶다.-

바텐터 2와 데이트할 때에 나는 내가 사는 집 근처 성당에 직접 찾아가 예비 신자 신청을 하였다. 그 교리 교육 신청서에는 생각보다 많은 사항을 기재하게 되어 있었다. 나는 기록을 중요시하는 직업을 10년 넘게 가졌던 지라 되도록 공란 없이 채우려고 노력했다. 거기에는 교리를 받도록 처음 소개한 이의 인적사항을 적는 란이 여러 개 있었다. 나는 서슴없이 바텐더 2의 인적사항을 적어 내려갔다. 그의 이름, 전화번호, 교구, 세례명 등. 나는 바텐더 2에게 그 서류를 찍은 사진을 보여줬다. 바텐더 2가 감흥이 있었나는 모르겠지만 일단 내 교적에는 바텐더 2에 대한 정보가 아직도 남아 있다. 없어지지 않을 것. All the way to the Vatican City!

바텐더 2를 마지막으로 보았을 때 콜라 1캔을 먹고 돈을 안 내고 나와서, 미안할 따름이다.
- 나중에 직접 가서 콜라 1캔 값 줘야지. -
"콜라 줘, 얼음이랑 라임 넣어서."

*

바텐더 3은 피부가 얇고 하얗고 곱슬머리였다. 눈이 얇은 편이고 사이가 약간 멀었는데 미묘하게 양을 닮았다. 바텐더 3은 딱 봐도 우울하고 우환 있게 생겼다. 바텐더 3은 사실 제일 오래된 -인연-이다. 바텐더 3이 만들어 주는 칵테일을 바텐더 1과 2가 만들어 주는 것보다 먼저 마셨고 가장 여러 번 마셨다. 바텐터 3은 나름의 의미가 있었다. 가장 많이 업어 주기도 했다. 등에 업히는 것이 제일 좋다. 바텐더 3은 고등학교를 자퇴했다.

어머니의 병환으로 갑자기 물 좋고 공기 좋은 곳으로 이사를 하게 되었다고 했다. 갑자기 어머니의 암 판정으로 가족의 분위기는 극도로 우울해졌다고 했다. 부모님의 사이는 이미 깨진 사이라 이혼할 줄 알았다고 했다. 암 판정이 암묵적으로 결혼을 유지하게 했고 그런 꼴을 보는 본인도 우스웠다고 했다. 바텐더 1은 바텐더 3이 나를 레귤러로 만들었다는 것에 대해서 매우 신기해했을 정도였다.

"형이? 꼭 보여줘."

바텐더 1은 그때 나를 처음 보았다.

바텐더 3과는 1년여의 시간이 지나고 우연히 만났다. 바텐더 2와 어느 날은 을지로 노포에서 고기를 구워 먹고 있었다. 바텐더 2와는 종종 밥과 술을 먹는 동갑친구가 되었다. 바텐더 2에게 전화가 왔다. 바텐더 3이었다.

"형, 어디세요?"

"어. 나 을지로. 같이 먹을래?"

나는 미묘한 웃음으로 나 있는 거 말하지 말라고 했다. 바텐더 3은 30분 만에 우리가 있는 노포로 왔다. 바텐더 3과 2와 나는 택시를 타고 바텐더 2집으로 가서 술을 더 마실 참이었다.

"저 가스가 없는데 저기서 잠깐 넣고 가도 되겠습니까?"

"예, 그러셔요. 기사님"

나는 나대로 화장실에 가고 바텐더들도 갔다 택시에 탑승했다. 우린 바텐더 2집에 셋이 앉았다. 주섬주섬 술을 꺼내고 마시고 있는데 바텐더 2, 집주인이 없어졌다.

"어디 갔다왔어? 우리 둘이 어색했잖아!"

"아! 주유소에 내 클러치를 놓고 온거야 화장실에. 다녀왔어."

"운전해서?"

"응."

버러지 같은 놈 또 음주운전을 한 것이다.

바텐더 3은 그날 나와 그의 방으로 갔다. 그는 아버지와 형과 각자 방을 나누어 쓰고 있었고, 아버지는 마스터룸에서 형과는 화장실을 나누어 쓰는 것이었다. 그 후로 나는 바텐더 3집에 자주 갔다. 아니 방에 자주 갔다. 바텐더 3은 거의 모든 시간을 누워 지냈다. 나는 주로 의자에 앉거나 서있었다. 바텐더 3은 취사병 출신이었다. 나에게 스파게티나 라면을 끓여 주었다. 바텐더 3은 여자 기타리스트를 좋아했다. 미묘하게 질투가 났다. 지금 와서 생각하면 잘 모르겠다. 바텐더 3의 눈썹에는 큰 상처가 있었다.

"나 예전에 술 먹고 오토바이 타다가 정말 죽을뻔해서 중환자 실에 오래 있었다고 하더라고 나는 기억이 잘 안남."

"…"

나는 속으로 말했다.

- 정말 하나같이 다 버러지 구나.-

바텐더 3도 버러지였다.

술과 분위기에 대하여

About Booze and Nuance

술을 본격적으로 마신 건 2020년부터 인 것 같다.

술에 대해서 전혀 알지 못했다. 관심이 없었으니. 지금도 사실 관심이 없다.

마시는 것은 그냥 흰색 포도주 샤르도네이. 붉은색 포도주는 내 입맛이 아니다. 위스키도 버번만 좋다. 부르봉. 칵테일은 오래 알고지낸 바텐더 서넛을 제외한 사람이 만든 것은 잘 안 먹게 되더라. 섞는 거부터 맘에 안 들어서. 칵테일은 뭐, 네그로니, 다이키리, 롱티, 바티칸시티, 압생트, 진토닉, 퍼넷 콕, 자몽주스만 마시는 것 같다. 다른 것들은 생각 이 안 나니까. 각 칵테일도 만들어 주는 특정 바텐더가 있다. 정말 까다로운 나.

"백포도주 한병 주세요." 하면 내오던 그것의 질이 떨어지기 시작한 것은 2021년 겨울부터 2022년 초였다. 마셔보니 쉰내가 확 올라왔다. 다른 병으로 마셨다 다른 종류, 백포도주니까 그냥 그랬다. 왜 질이 떨어졌을까? 보관 방법? 토질? 다양하겠다 만은 슬펐다.

-너도 변하는구나.-
샤르도네이에는 얼음을 2개 넣어 마셨다. 잔은 물론 시원해야 되거니와. 얼음이 동동 떠있는 목이 긴 잔의 샤르도네 이를 보자면 마음이 흐뭇했다. **얼동샤라고 이름을 붙여 주었다.**

-특허 출원을 해야 할까?-
지금 알아보는 중이다.

위스키는 보통 1병에 30-40만 원 선을 선호한다. 참 많이도 마셔본 것 같다. 이름을 다 나열할 수는 없어도 적당히 바리에이션을 주면서 마셨고, 그중에는 버번이 취향이었다. 취향을 찾을 수 있다는 것은 감사한 일이다. 그냥 얼음에 물이랑 타서 적당히 마신다. 미즈와리. 술은 역시 누가 따라 줘야 맛이 나는 것 같다. 바텐더가 절실 하지. 정장을 입어야 술맛이 난다. 그리고 주변이 어두워야 한다. 적당히 어두워야 술이 취해가는 과정이 안정적이다.

- 소파가 좋아야 해.-

아! 그리고 유리 재떨이가 있었야 한다. 유리 재떨이는 적당히 작고.

- 알아서 잘 비워줘야 해.-

칵테일은 잔, 얼음, 쉐이킹, 마실 때 내 기분. 이런 것들의 합이 맞아 줘야 한다. 합이 들어맞을 때의 기쁨은 마치 인간의 삶을 통제하는 신 같은 느낌이 있다. 대단한 사람이 된 것 같은 착각이 든다. 칵테일도 통제의 음료인 듯싶다.

-그래서 바텐더들이 자부심이 있는 걸까?-

얼음, 잔, 재료, 섞기, 예쁘게 담기 마시기, 분위기 등. 모든 것은 바텐더가 만들어 낸다. 나는 정말 빤히 쳐다본다. 모든 순간이 즐겁다. 칵테일은 사실 맛도 맛이지만 그 과정을 보는 값이다. 그래서 항상 바 자리에 앉는다. 보려고.

세 여자 이야기

A Tale of Three Ladies

편의 상 우리라고 하겠다.

같은 층 같은 복도를 이용하는 세 집이다.

가장 끝집 여자는 애가 셋이다. 얼마 전에 막내를 낳고 집으로 돌아왔다. 나는 중간 집이다. 엘리베이터 근처 집 여자도 나와 비슷하게 남편하고 둘만 사는 것 같았다.

우리는 나이가 얼추 비슷했다. 서로 나이를 물어보진 않았지만. 특별히 중요한 것은 아니었으므로. 끝집 여자는 아들, 딸 그리고 다시 아들을 낳았고 조리원에서 집으로 왔다. 백일은 넘은 것 같은 아가였다. 끝집 여자의 얼굴은 기억나지 않는다. 나는 애가 셋인 것에 집중했다. 신기했다. 나는 어릴 적 에일리언 영화를 집에서 본 적이 있는데 그때부터 배 나온 여자에 대해서는 꺼리는 감정을 가지게 되었다. 연출 장면이 그 어릴 적 나에게는 부정적인 영향을 주었으리라.

　- 저렇게 애를 낳으려면 섹스를 몇 번 해야 할까? 한 번씩 해도 세 번은 하는 거잖아. -

　우리는 나이가 얼추 비슷해 보였어도 하는 일은 모두 달랐다. 나는 그냥 직장인이었다. 당시 28살 29살 정도였고 한창 전국 각지로 외근을 다닐 때라 낮에는 거의 집에 없었다. 일 자체가 강도가 높아서 퇴근 후 집에서 조용한 저녁을 보낼 수 있는 것에 대해 큰 위안을 받았다. 집 자체에 대한 만족은 높았다. 남편이랑 결혼하여 얻은 첫 전세 집이었고, 백 프로 전세 대출을 받은 우리에게는 매우 적당한 크기였다. 나는 워낙 오랜 기간 동안 혼자 유학을 한 경험이 있고 살림을 좋아하는 터라 집 정리정돈 그리고 유지에는 큰 무리가 없었다. 남편과 나는 섹스도 하지 않았고 싸우지도 않았다.

　우리는 나이가 얼추 비슷해 보였고 하는 일은 모두 달랐으나 모두 고통스러운 밤을 보냈다. 엘리베이터 쪽 사는 여자의 얼굴은 기억이 나지는 않지만 길에서 마주치면 알아볼 수 있을 정도의 부정적인 인상을 가지고 있었다. 가끔 집을 복도를 지나

가다 볼 기회가 있었다. 집 전체가 새하얀 하이그로시였다. 눈이 번뜩일 만큼 강렬했고, 청소에 열중했다. 그녀는 돌볼 자식도 직업도 없었다. 그래서 청소에 매달렸는지 모르겠다. 하긴, 그러했을 것이 밤마다 남편과 싸우는 소리가 들렸다. 매일, 정말 매일이었다. 특히 새벽에. 나는 싸우는 정도를 혼자 점수를 매기기 시작했다. 말싸움과 고함은 소소한 다툼. 복도의 문을 열고 실랑이하는 것은 부부싸움. 복도의 문을 열고 유리잔을 던지는 것 또는 장도리로 철문을 쾅쾅 박는 것은 폭발.

결벽증이 있을 정도로 새하얀 집안을 가지고 있으니 감히 집안에는 유리잔을 던지지 못하겠지. 그녀는 분노가 가라앉지 않으면 모두가 사용하는 복도에 유리잔이며 접시를 마구 던졌다. 새벽에 쨍하고 깨지는 접시의 소리를 아직도 기억한다.

그 날은 5월 5일 경이었던 것 같다. 복도 끝집 가족은 모두 나드리를 다녀왔는지 집에 들어가는 참에 복도에서 나눈 말이 있었다.

"여보, 나 이제 정말 잘해 보려고."

복도 끝집 여자의 남편이 답하는 목소리는 듣지 못했으나 복도 끝집 여자의 목소리는 뭔가 짠했다.

- 그래, 애 셋 낳고 제정신이겠나? -

자식을 열을 줄줄이 낳은 나의 외할머니가 생각났다.

- 징글맞은 인생. -

외할머니는 내가 결혼하던 해에 돌아가셨다. 외할머니 자식 그러니까 나에게 친모, 이모, 외삼촌 다 해서 열이다. 얘기하자면 일인당 책이 한 질은 나올 거다. 복도 끝집 여자의 말 한마디로 여기까지 생각해버린 나 스스로가 치가 떨려서 생각을 끊어버렸다.

우리는 5월 8일 어버이날의 밤을 각자의 집에서 보내고 있었다. 시간은 기억이 나질 않는데 어스름한 밤이었다. 너무 어둡지 않았던 것으로 기억한다. 복도가 소란스러웠고 여러 남자들의 웅성거림이 있었다. 유학을 혼자 오래 한 나는 이런 상황에 본능적으로 신경질을 내었다.

"씨발 뭐여, 여보! 이리 와 봐"

나는 현관문의 작은 구멍으로 복도를 유심히 보았다. 사복을 입은 40대 남자 여럿이 복도를 서성거리며 얘기를 했다. 남편과 나는 무슨 내용인지 알고 싶어서 현관문에 귀를 바싹 붙였다.

"뭐지?"

남편을 보면서 뭐 들은 게 있는지 물어보았다.

"모르겠어. 무슨 일 났나?"

"그렇지? 이거 무슨 일 난거지? 엘베년이 또 뭔 짓 했나?"

나는 사람들의 분위기를 살피려고 다시 현관문 작은 구멍을 들여다보았다. 엘리베이터 쪽은 아니었다. 모두 우리 집 앞에 있었다.

"아, 씨발 뭐여 왜 우리 집 앞에서…웅성거려."

복도 끝 집이다.

남편한테 물어서 확인할 내 성격은 아니니 내가 문을 열었다. 사복 남자에게 나는 물었다.

"무슨 일 났어요?"

그 남자는 주저하면서 아주 낮은 소리로 말했다.

"옆집 여사 분이 자살했습니다."

나는 대꾸하지 않고 목인사를 하고 문을 조심히 닫았다.

"아 씨발 자살했다네."

오만 생각이 다 들었다.

- 어떻게 죽을었까? 나는 이 집에서 오늘 잘 수 있나? -

"내일 외근인데 뭐여 씨발. 여기서 출발해야 편한데. 친정으로 가야 하나? 동선 때문에 골치 아픈데. 아님 뭔 대단한 인생을 산다고 죽을때까지 주변 사람을 왜 이렇게 불편하게 하는 걸까?. 암튼 뭐같은 것들이 남한테 이렇게 피해를 준다니까. 뒤지려면 나가서 뒤지던지 왜 이렇게 귀찮게 구는거야. 나는 이렇게 시끄러운 상황에서 잠을 잘 수가 없잖아.

화가 머리끝까지 낫다. 친정 엄마한테 전화를 했다.

"엄마, 난데. 우리 옆집년있잖아. 아 왜 애 3 줄줄이 비엔나라는. 응. 응. 집에서 쉬는데 남자들이 복도에 우글거리길래 나가서 뭐냐고 물었더니 자살했데 그년. 아 진짜 돌겠네. 나 집에서 자도 될까? 찜찜해. 그렇지? 어. 왜 남한테 피해를 주는지 모르겠어. 너무 싫어."

엄마는 나를 살살 구슬렸다.

"그래 알겠어."

"장모님이 뭐라셔?"

나는 다시 문을 열었다. 시간이 오래 지났는지 이제는 완전한 밤이었고 어두웠다. 속으로 이 시간까지 굉장히 시끄럽게 군다고 생각했다.

"저기요."

나는 아까랑은 다른 남자를 불러 세웠다.

"저 옆집이니까 좀 알아야겠어요. 어떻게 죽었어요? 화장실에서 목매서 죽었나요?"

그 남자는 나를 잠시 보았다.

"아뇨 밖으로 뛰어내렸어요."

나는 웃음이 나는 것을 참았다.

"아, 네."

문을 닫았다.

"여보. 집에서 죽은 거 아니래 다행이다. 집에서 자도 될 듯. 뛰어내렸다네. 1층 불쌍하다 드럽구로."

남편은 내가 안도하니 별일 아니라는 식으로 넘어갔다. 창문 밖을 보니 1층에 경찰차가 서 있었다.

"현장 보존인가?"

"암튼 끝까지 죽을 때까지 민폐. 저 1층은 얼마나 찝찝하겠어."

우리는 그러니까 복도 끝집 여자는 자살했지만 나와 엘리베이터 쪽 사는 여자는 5월 8일 각자의 집에서 잤다.

나는 다음날 아침에 외근을 가면서 1층을 봤는데 떨어진 핏자국이 선명했다. 나는 피범벅은 대수롭지도 않았다.

-그래. 잘 갔지 뭐. 살 자신도 없는게 뭐 더러 애는 낳아서. 어차피 한 번은 죽는 것임.-

우리는 이제 둘만 남았다. 그날 뒤로는 복도 쪽 여자도 작은 다툼이 있었지만 기억나는 난장판은 없었다. 그러려니 하고 살았다. 시간은 잘 가니까. 재택근무를 하고 있었다. 낮인데 누가 또 집 앞에서 웅성 거렸다. 또 불같이 화가 났다.

"뭐여."

현관문의 작은 구멍으로 보니 남자가 서 있었다. 우리 집에 용무가 있어 보이진 않았다. 얼굴이 엘리베이터 집을 향하고 뭔가 대화를 했다. 나는 그날처럼 귀를 현관문에 바짝 대고 집중했다.

"이제 보내주고 오는 길이에요."

그 남자는 복도 끝집 여자 남편이었다. 나는 너무 혼란스러워서 엘리베이터 쪽 사는 여자의 답은 들을 수가 없었다. 복도 끝집 남자는 내 집 바로 앞에서 짝다리를 짚고 말을 하니 더 잘 들렸으리라.

"부인이 의부증이 좀 있었어요. 그래서 약도 먹고. 아시죠?"

내 눈에는 힘이 들어갔다. 또 안 들렸다. 나는 발을 동동 굴렀다.

-아 씨발, 엘리베이터 쪽 사는 여자가 뭐라고 대꾸하는지 듣

고 싶어.-

"그래서 집사람이 애들 데리고 친정가 있을 때, 제가 무슨 여자를 집에 대려 오는 걸로 알더라고요. 저도 애를 좀 먹었어요. 심지어 이마트 간다고 했는데. 집사람이 집에 와있더라고요. 심지어 그리고 5월 5일, 어린이 날애는 다 같이 소풍가기도 하고, 괜찮다고 했는데."

나는 귀를 대문에 붙였다가 현관 작은 구멍에 눈깔을 대었다가를 반복했다. 복도 끝 여자 남편의 표정을 죽도록 보고 싶었다. 말하는 뉘앙스와 분위기. 얼굴은 아직도 생각이 안 나는데 자기 부인 자살하고 이게 옆 옆집 여자한테 할 소린가 싶었다.

- 저런 새끼니까 복도 끝집 여자가 자살을 했겠지 나 같아도 뛰어내렸겠다. 버러지 같은 자식.-

그날 남편에게 이 얘기를 해줬다.

"그러니까 저렇게 만날 유리 던지는 년이나 자살한 처 장례 치르고 와서 옆집 여자한테 부인 험담하는 저런 놈이나. 우리가 이런 곳에서 사는 게 문제임. 이사 가자."

나는 정말 진심을 다해서 고개를 끄덕였다.

우리는 그냥저냥 살았다. 나는 바빴고, 다른 단지의 아파트를 계약했다. 지금 사는 이 전세가 얼른 나가기를 기원하면서 집을 청소하고 닦았다. 부동산에서 3번 집을 보러 왔고 마지막에 나갔다. 우리와 같은 젊은 신혼부부였다.

"보는 것처럼 집은 깔끔해요. 습기도 없고. 저희도 처음에 결혼해서 얻는 전세 집인데 잘 살았어요. 저희 저쪽 단지로 30평대 아파트 사서 이 집 나가요. 여기 들어와서 살면 잘 되실 거예요."

그 젊은 부부는 서로 눈짓을 하더니 좋다고 했다. 계약은 성사되었다. 엘리베이터 쪽 사는 여자는 더 자주 싸웠다. 아무 의미가 없었다. 이사 갈 날만 생각하면 되니까.

세 장소 이야기

A Tale of Three Places

그 교회의 목사는 딸이 둘 있었다.

큰애는 중학교 1학년이었고, 작은 애도 나보다는 많았으나 기억이 나질 않는다. 이름이 둘 다 특이했다. 에스더, 유니게였다. 나는 7살이었고 그 이름을 한심스럽다고 생각했다. 유니게가 뭐야. 들어 본 적 있는가? 어쨌든 성경에 나오는 이름이려니. 유니게는 작은애였는데 어려서 아직 별로 특징이 없었고, 큰애 에스더는 발육이 빨라서 가슴이 컸고 어린 내가 보기에도 그냥 성인 여자 같았다.

아버지가 목사니 일요일은- 아니, 주일- 에스더와 유니게의 고난의 날이었다. 에스더와 유니게의 작은 방은 어린아이들로 넘쳐 났다. 예배를 보러 온 부모들의 아이들이 그 좁은 방에 몇 시간 동안 걸식하면서 난장판을 만들어 놓는 것이다. 지금 생각하면 에스더 언니가 왜 그렇게 강박적으로 눈썹을 손으로 말아 올렸는지 알 법도 하다. 덕분에 그녀는 뷰러가 필요하지 않을 정도의 눈썹 컬링을 유지했다. 그 행동은 특히 애들이 소리를 지를 때 두세번 정도 반복 했다. 그럴 때마다 에스더 눈의 흰자가 번떡였다. 두번하면 보통이었고, 세번하면 상당히 스트레스를 받는 것이었다.

약 5세부터의 아이가 둘 이상 한 공간에 있으면 통제가 쉽지 않다. 우린 서로 편을 갈랐고, 시시각각 기분에 따라서 편을 먹었다가 찢어 지기를 반복했다.그 시스템을 못 따라오면 일종의 바보 취급을 했다. 일부러 TV 채널을 가지고 싸웠고, 공기놀이를 하다가 싸우거나, 유니게의 물건을 가지고 싸웠다. 그리고는 가끔 어떤 아이는 생떼를 썼고 우리는 그아이를 몰아 붙혔다.

"이 년, 마귀 씌었네."

"인디언~ 밥!"

그 마귀에게 우리는 인디언 밥이라는 것으로 벌을 주었다. 마귀 쎈 애를 엎드리게 하고는 등에 모두 손을 올리고 인디언~ 하고 손바닥으로 등을 퍼커션 치듯 트레몰로로 온 힘을 다해 치고 밥! 할 때 모두 동시에 내려치는 것이다. 마귀의 악질정도가 강하다고 생각되면 우리는 모두 짜고 인디언~ 트레몰로 부분을 매우 천천히 길게 했고, 마지막 밥은 온 힘을 다해서 내리 쳤다. 부모들이 성전에서 주님을 위해 예배를 드리는 와중에 우리는 우리 나름대로의 악을 처단하기 위한 예식을 거행하고 있었다. 우리는 우리만의 방법으로 악에게 되도록 오랫동안 고통을 주려고 노력했다. 우리들은 조금이라서 서로에게 밀져 보이지 않도록 눈치 싸움을 했다. 그 중에 재수없어서 걸린 아이는 숨이 막혀 쓰러져도 이상하지 않을 정도의 인디언 밥이 강행되었다. 그 때 우리는 적어도 6명이 넘었다. 에스더와 유니게는 중간에 우리가 너무 흥분하면 방을 박차고 나와 사람들에게 도움을 청했다. 때때로 우리는 고함을 지르거나 벌주는 것이 지겨워질 때가 있었다. 그럴 때면 기도실로 장소를 옮겼다. 에스더와 유니게는 기도실에 오지 않았다. 우리는 불을 켜지 않아도 서로의 얼굴이 보였다.

그 교회는 성전을 단 한 개만 가지고 있는 작은 교회였다. 그 교회는 동네 아주 낮은 산의 어귀에 있었다. 아마 지금도 있을 것으로 생각된다. 도심이 아닌 산 어귀라 어느 정도 공간이 있었던 교회였다. 그곳에는 오갈 곳 없는 여자들이 모여서 사는 방이 있었다. 여자들의 방을 지나서 뒷 길로 가면 기도실이 3개 정도 있었다. 그 뒷길에는 오렌지색 등이 아무렇게나 걸려 있었다. 점점 깊은 방으로 갈 수록 좁아졌다. 깊고 좁아지는 길의 바닥에 박힌 돌은 물이 올라오는 것 처럼 습했다. 각 기도실의 십

자가가 걸려있는 벽은 산의 돌이 그대로 노출되어 있었다.

그 기도실 중 제일 큰 것은 그래 봤자 2평 남짓 했다. 어린애들이 놀기에는 적당했다. 천장이 매우 낮아서 어른들은 고개를 숙였지만 작은 우리들은 괜찮았다. 주로 큰 기도실에서 잡기 놀이를 하면서 놀았다. 가끔 우리는 놀이가 고조되어 소리를 질렀고 예배에 방해가 되어 주의를 받기로 했다. 기도실 중 작은 것들은 어른들이 사용했다. 그야말로 기도실의 이름에 충실한 한두 명이 겨우 무릎 꿇고 앉을 정도의 크기였다. 종종 울며 불며 기도하는 소리가 들렸다.

"주여. 주여. 아! 아! 아버지! 아!"

남자나 여자나 기도하는 사람들이 내는 까무러치는 소리, 가슴을 치는 퉁퉁거리는 소리는 산의 습도와 버무려져 기도 안의 오만가지 염원과 바람들이 문을 뚫고 나왔다.

-이렇게 이렇게 하고 싶은데, 이렇게 이렇게 되고 싶다, 이렇게 이렇게 하고 싶다, 이렇게 이렇게 해 주세요.-

계속 애원하는 울음소리가 어린 나의 뇌 속에 박혀있다.

-뭐가 저리 바라는 게 많을까?-

그 교회 전체에는 오갈 곳 없는 늙은 여자들의 냄새와 산의 흙, 돌, 물 냄새가 미묘하게 섞여 계절 때때로 그 풍미가 달랐다. 쩐내의 풍미를 아는가?

오갈 곳 없는 여자들 중 하나가 나의 친할머니였다. 딱히 정이 없으므로 그녀라고 하겠다. 스스로도 할머니라 부르는 것이 껄끄럽다. 그녀는 교회에서 약 7년 정도를 봉사하면서 살았다. 말이 좋아서 봉사지 먹고 자고 설거지하고 청소하고. 아픈 여자 있으면 돌봐주는 정도였다. 지금 와 생각하면 나이 40줄에 어디 가서 돈 벌 생각은 안 하고. 한심하다.

　　오갈 곳 없는 그녀는 다시 한번 오갈 곳이 없어졌고, 포천의 기도원에 입단했다. 그곳은 사이비 종교였다. 사이비 종교라는 것에 대해서 정확히 알지 못했지만 어린 나는 대번에 그곳이 사이비라는 것을 느꼈다. 그때 나는 초등학생이었는데 할머니가 외롭다며 나를 놓고 가라 했고 내 부모는 그녀의 말대로 했다. 그곳은 가늠할 수 없이 넓은 곳이었다. 예전에 있던 그 작은 교회와는 반대였다. 그 기도원 안에는 공작새도 있었다. 공작새가 있는 새장 근처에 가면 공작새 똥냄새가 났다. 푸드덕거리면서 내 키만 한 날개를 펴고 신들린 듯이 몸을 떠는 공작새. 공작새 깃털에는 눈이 있다. 눈은 종종 나한테 말을 걸었다. 그래서 그 푸드덕 거리는 숫놈 공작새를 가끔 오랫 동안 노려 보았다. 기분 탓인지 내가 노려보면 그 숫 공작새는 날개를 접었다.

　　- 찢어 죽이고 싶다.-

　　그 기도원은 신기한 제도가 있었다 쿠폰이 있었는데 작은 손바닥 만한 갱지에 네모가 9개 그려져 있고 그 네모 안에는 음식 이름이 쓰여있었다. 기억은 정확히 나지 않았으나 가끔 중간에 엄마와 아빠가 왔을 때 참새구이, 김치전을 먹었던 것 같다.

신이기한 곳이었다.

성전은 한꺼번에 천명 정도 들어갈 수 있는 규모였다. 성전 안에 대리석 기둥이 약 6개 정도 있었던 것으로 기억이 나는데 그리스 신전 같은 두꺼운 기둥이었다. 모두 그 기둥 근처 자리를 얻기를 원했다. 그렇다. 그 성전에서 몇백 명의 사람이 같이 숙식을 하는 것이다.

지금 와서 생각하면 전염병자는 없었던 것 같고, 주로 골골거리는 이들이 대부분이었고 각자 몸에 손바닥 만한 욕창이 있었다. 욕창의 위치는 모두 달랐다. 매일 예배가 이루어졌는데 교주는 예배의 클라이 막스에서 항상 안수를 주었다. 그 욕창 병자들은 하나 같이 줄을 서고 너도 나도 갖은 부위의 욕창을 창피함 없이 들어내고 안수를 위해 줄을 섰다. 그 교주의 안수 전매특허는 손톱과 숟가락이었다. 기도를 해주는 듯이 하더니 그 욕창을 손톱이나 스테인리스 숟가락으로 박박 긁어서 붉은 피가 나도록 했다.

"보라 이것이 주님의 보혈이라."

"아멘."

그녀는 나이가 40대 후반이었을 것 같은데 젖가슴 사이에 욕창이 나 있었다. 지금 와서 짐작하는 것은 그 욕창이 내가 보기에도 일부러 낸 상처 같았다. 늘어진 젖가슴을 아무나 보이도록 상의를 들어 올리고 부끄럼 없이 교주 앞에 나아가 성령의 안수를 받고 내가 앉은 곳으로 왔다. 그녀는 그 붉은 피를 성스럽게 닦고 특별할 것 없는 하얀 연고를 바르고 거즈와 반창고를 붙였다. 그리고 두 손을 욕창 위에 올리고 말했다.

"주여 감사합니다."

두 번째로 종류가 많은 사람들은 혹이 있는 사람들이었다. 얼굴이나 몸에 혹이 너무 커져서 눈이 돌아가거나, 눈이 튀어나오거나, 몸이 펴지지 않았다. 혹이 있는 사람들 안수 방법은 내 기억에 없다. 그 다음에는 앉은뱅이, 사지가 뒤틀린 사람, 눈이 돌아간 아이, 거동 불편자 등등 다양했다. 나는 그 안수행위를 서커스 보듯이 봤다. 나만 심드렁했고 주변의 신도들은 광적으로 반응했다.

기도원은 매일 하루 2번 청소를 했다. 그렇게 넓은 곳은 혼자 개인으로 할 수 없었다. 청소 시간이 되면 모두 짐을 정리한다. 그래 봤자 방석 1개 이불 한 개 가방 한두 개 정도였다. 모두 성전 밖이나 바닥에서 물러나 있으면 20여 명 되는 사람들이 성전 끝에서 마포를 바닥에 서로 붙이고 앞으로 밀고 나가아는 방법이다. 이것을 앞뒤로 두 번 반복했다. 마포들이 밀려가면서 그 앞으로는 먼지와 검은 때가 쌓였다. 냄새는 이루 말할 것 없이 역겨웠다.

엄마는 어느 날 그녀의 생일이라 떡을 한시루 해서 나를 보러 겸사겸사 왔었다. 그날 아빠랑 엄마랑 근처 치킨집에서 처갓집 양념통닭을 시켜먹었다. 엄마는 그녀가 한 말에 화가 나 있었다.

"아니 그 많은 사람 떡을 내가 어떻게 다해가?"

그녀는 그 성전에 있는 사람들을 다 나누어 주고 싶었던지 떡을 한시루만 쪄온 엄마를 나무란 것이다. 돌아도 한참 돌은 것이다. 나는 두 여자 다 싫었다. 그래서 통닭을 맛있게 먹었다.

다 자란 나는 성당에 앉아 있다.

"Have you chosen yet?

영화 콘스탄틴의 그 가브리엘이 남색 정장을 입고 내 옆에 앉았다. 나는 못 들은 척했다. 이것 말고는 다른 선택의 여지가 없는 것을 뻔히 알고 있다는 투였다.

"Do not be silly, this is not that hard, isn't it?

미사가 시작되려고 해서 나는 조용히 답했다.

"Be quiet. Please. Plus, I am seriously considering- you knew."

신부님이 제대에 입을 맞추시고 미사가 시작되었다. 가브리엘은 돌아 서서 나가며 말했다.

"Can't understand! This is a calling. You must answer.

- Yeh, it is better than Maria, perhaps. -

가브리엘은 오랫동안 나와 함께 있었다. 정확한 이름을 알아낸 것은 불과 몇 년 전이지만.

해충 이야기

A Tale of Vermin

그는 특이한 점이 없어 보였다.

그러나 옆에 두고 차근히 오래 보면 매우 특이한 남자였다. 약 1년여를 두고 본 바를 말해볼 심산인데 잘 될는지 모르겠다.

그는 서울의 잡대를 나왔다. 경제학과라고 했다. 지금 와서 생각해보면 경제는 거의 수학인데 어떻게 수업을 이수해서 졸업했을지 의문일 정도였다. 아니다. 도박을 하는 걸 보면 확률을 조금 알았을까? "경제학과 다 수학 아니야?"

"적당히 표 나지 않게 듣고 졸업 겨우 했죠"

그의 집은 매우 더러웠다. 봉천동의 작은 오피스텔이었는데 내가 워낙 깔끔한 지라 화장실도 쓰기 불편했다. 청소도 해주었다. 나도 변기는 써야 할 것 아닌가? 보통 집안 꼴을 해놓고 사는 것을 보면 사람의 일생- 많고 적음을 떠나- 을 미루어 짐작할 수 있고 거의 맞는다. 신기한 것은 침구류 빨래는 자주 했다. 얼굴에 여드름 나는 게 너무 싫어서 그렇다고 했다.그는 아침에 여드름 반창고로 상처를 가리는 것에 공을 들였다.

그는 오토바이에 대해서 잘 알았다. 배달 알바를 했는지 물어보았는데 한적도 있다고 했다.

"오토바이 중고 거래도 했었어요."

나는 눈이 동그래져서 신기하게 보았다.

"그래? 십 대 때?"

한 번은 오토바이를 하루 동안 렌트해서 나를 뒤에 태우고 서울 나들이를 한 적이 있다. 춥기 전이었던 것 같다. 가을이었겠지. 독립문 근처의 산도 올라갔었던 것 같다. 그리고 산 정상까지 올라가서 서울을 내려보던 기억이 난다. 아직도 그날 여러 장소를 거치면서 했던 내 기분이 또렷하게 기억난다.

"위험할 것 같은데. 그래, 지금 아님 언제 타보겠어."

그날 밤에 갔던 학교를 지금 다니고 있다. 어찌 보면 인연이었으리라. 그 말고 이 학교. 지금도 교정을 걸으면 그때 오토바이를 파킹 했던 장소를 보면 그가 문뜩 생각난다.

그의 방에는 데스크탑 컴퓨터가 있었고, 책상 밑은 전기 선들이 꼬여 있어서 정신이 사나울 정도였다. 하나의 큰 검은 먼지 덩어리 같았다. 꿈틀거리고 반짝였다. 인터넷 공유기 불이었으리라. 그가 샤워를 하러 간 사이 나는 그의 컴퓨터를 몰래 들여다보는 것을 즐겼다. 전 여자 친구한테 쓴 편지인지 혼자 주절거린 워드 파일이 있었는데 읽는 재미가 쏠쏠했다. 가끔 갱신이 된 내용이 있으면 반기면서 몰래 봤다.

"구구절절."

서랍은 대충 쑤셔 박은 여러 가지 물건들이 있었고 여권도 있었다. 신기한 물건은 없었다. 그리고 방안 서랍이나 옷장을 열어서 보았다. 옷장이 참 재미있었다. 겨울옷이 들어가 있었는데 괴상스러운 이상한 파카가 있었다. 옛날 이불 같은 걸로 만들어진 옷이었는데 나중에 우연히 그와 함께 옷장을 열 기회가 있어서 물어봤었다.

"어? 이건 뭐야?"

"아, 이거 우리 할머니가 나 만들어주신 거야. 그래서 못 버리겠어. 어릴 때 잘 입기도 했고."

- 어쩐지 괴상스럽더라니.-

그는 본인의 어렸을 적 얘기하는 것을 꺼려했다. 십 대일 때 검찰에 두 번이나 갔었다는 얘기를 했다.

"왜? 그 어린 나이에? 정말? 무슨 일로?"

"그냥 그런 일이 있었어요."

- 진짜 버러지 같다. 나는 그런 곳 한 번도 가본 적이 없는데.-

"뭐야? 무슨 일인데? 학폭? 아니면 절도? 패싸움? 그런 거야? 보통 그냥 경찰서에서 끝나지 않나? 강간? 그런 거야?"

그는 큰 손사래를 치며 아니라고 했다. 나는 지금도 생각하는 것이 사기, 폭행, 강간, 살인미수 등 중범죄 중 하나일 거라고 생각한다. 그가 피해자라고는 생각이 안들 정도로.

그는 샤워를 하고 나와서 나한테 이렇게 말했다.

"나는 누나가 좋아."

나는 그를 별로 좋아하지 않았으므로 무덤 하게 되물었다.

"왜?"

"내가 샤워하고 나와도 티비 채널을 바꾸지 않잖아. 다른 여자들은 자기 보고 싶은 걸로 돌려놓더라고."

"그렇구나."

사실 그의 물건을 만지고 싶은 생각이 없어서 리모컨도 싫었다. 하지만 뒤지는 것은 했다.

그의 어머니와 아버지는 이혼하셨다고 했다. 대학 때쯤이라고 했고, 나는 거의 다 자라고 이혼하셨다는 생각에 별로 안쓰러운 맘은 안 들었다. 그래서 대학생활 때 그리고 군 복무기간 등의 이십 대의 반이상 정도를 아버지, 형 그리고 본인 셋이 같이 살았다고 했다. 그래도 본인은 어머니와의 연락을 계속 이어가고 있고, 명절이나 편하게 드라이브하고 싶을 때에는 곡성으로 간다고 했다. 내 주변에서는 나에게 곡성 영화 절대 보지 말라고 했기 때문에 곡성 자체가 불쾌했다. 무서운 영화니까. 어느 날은 그와 같이 있는데 그의 어머니에게서 전화가 왔다. 잠깐 자리를 조금 피하더니 전화를 오래 했다. 전화를 끊고 돌아와서는 표정이 별로 좋지 않아 보여 물었다.

"무슨 일 있어?"

"엄마가 돈 빌려달라고 하네."

"너 돈 있어?"

-내가 알바는 아지만.-

"아니, 카드 대출받아 달래."

나는 신기했다.

- 부모가 왜 자식한테 돈을 꾸나.-

그는 그날 기분을 잡쳤고, 며칠 뒤에 카드론을 받아서 빌려주고 본인이 이자를 내었다. 어느 날은 길을 걸어가는데 그가 핸드폰으로 문자를 보았다. 나는 궁금해서 얼굴을 보았고 그는 말없이 핸드폰을 내게 내밀었고 문자를 보여 줬다.

아 씨발 야구 졌네. 라고 쓰여 있었다. 자세히 보니 그의 어머니가 보낸 문자였다. 그위에도 얼핏 보니 문자로 가끔 패악질을 한 게 읽혔다. 버러지는 버러지를 낳는게 세상 이치인 것이다.

그는 종종 밤에 도박을 하러 갔다. 카드 게임이었다. 결과를 물어보지 않았다. 관심이 없으니까. 나는 어디로 가는지도 묻지 않았으나 그는 가끔 말해주었다. 그는 가끔 밤에 봐 주는 가게가 있는데 그곳이 새벽까지 영업을 하는 곳이라 심심해서 가끔

포커판이 열린다고 했다. 나는 손톱만큼도 관심이 없었다. 다만, 인간이 가지는 쾌락의 높은 수치에 해당하는 것은 도박이라 그가 얼마큼 자극적인 것을 원하는지 짐작하게 해 주었다. 평범한 자극과 행복으로는 살 수 없는 버러지였다. 십 단위에서 백 단위. 만 원권을 판 위에 올려놓고 던지고 놓으며, 따고 잃었다고 했다. 그는 내가 심드렁하게 반응하자 그 뒤로는 도박이란 화제는 그 뒤로 잘 꺼내지 않았다.

그는 매 달 목표가 있다고 했다. 다른 여자와 반드시 섹스를 해야 한다고 했다. 그것은 본인 자신과의 약속이라 반드시 지킨다고 했다.

"나는 한 달에 한번 정도는 여자랑 원나잇을 해"

"지금도 해?"

"아니, 지금은 누나가 있으니까."

그것은 그의 개인만의 목표이자 삶의 지표였다. 그 목표가 달성되면 본인이 인간인 것 같은 존재를 느끼는 것 같았다. 그래서 금요일과 토요일에 약속이 있어 밖에 나갈 때에는 바닥에 떨어진 본인의 꼬불거리는 털을 찍찍이나 돌돌이로 민다고 했다. 침구도 교체한다고 했다. 그렇지만 변기는 닦지 않는 것 같았다. 물어 보지는 않았다.

- 이렇게 더러운 곳에서 섹스하는 여자도 있나?-

그는 가끔 급전이 필요할 때에는 형이 하는 일을 도와서 알

바를 한다고 했다. 형은 강서구에서 유명한 안마방 사장이었다. 안마를 해주다가 몸을 파는 여자들을 배달하는 일을 했다. 도어 투 도어 서비스 같은 것일까? 베트남 여자들이 대부분이라고 했다. 그 여자들을 뒷자리에 태우고 밤새 서울 방방곡곡으로 여자 배달을 갔다. 그는 그 여자들이 불쌍하다고 했다. 그리고 그 여자들이랑 가끔 영어로 대화를 한다고 했다. 나는 영어를 매우 잘하는 편이라 그의 자존심을 건드리지 않기로 했다.

"영어로? 보통 무슨 얘기해?"

"아니, 그냥 어디서 왔냐, 몇 살이냐, 피곤하지 않냐. 그런 얘기."

-대화는 무슨, 웃기지도 않는 소리. 흐트러진 영어.-

그는 자기도 어렸을 때 군대 가기 전에 호스트를 2번 한 적이 있다고 했다. 별로 인기가 없었고, 호스트 애들과는 본인이 안 맞는다고 했다.

"왜? 안 맞았어?"

"그냥 걔들은 쓰레기에요. 여자 공사 칠려고하는."

나는 또 속으로 혼잣말을 했다.

-뭐가 안 맞아?-

예전에 가끔 아르바이트식으로 가계를 봐준다던 곳도 알고 보니 여자가 나오는 술집 카운터였다. 그렇게 엑스트라로 벌은 돈을 모아서 나에게 라코스테 여름 원피스를 사준적이 있다. 여전히 가지고 있다. 버리지 않았다. 나는 두고두고 보고 욕하는 편이다. 버러지가 사준 옷.

해충 이야기

그는 군대에 갔을 때 영창에 갔다고 했다. 나는 이제 놀랍지도 않았다. 그는 심지어 영창에도 간 것이다.

-영창은 감옥 아닌가? 죄인들이 가는 곳이잖아.-

"왜?"

"폭행으로"

"때렸어?"

"…"

그를 알면 알수록 모르겠다 싶었다. 그는 영창의 일과를 단편적으로 말해주었다.

"일기를 거기서 많이 썼어."

그는 매우 악필이었다. 나는 더러운 것을 매우 거슬려했고, 악필도 그중에 하나였다.

버러지.

이야기들은 우리 주변인들의 평범한 것으로 어느 곳에나 있을 법한 것이다. 각 이야기들은 서로 연결돼 있다.

2022년 생일이 있는 8월, 퇴고 하며.

제2장

낯설지 않은 서른의 세계

오가영

오가영

4년차 교무행정사입니다. 새로운 도전을 꿈꾸며
낯설지 않은 서른을 경험하는 중입니다.

brunch.co.kr/@kywannabe

목 차

1. 서른의 일

01 교무실에서 알려지지 않은 행정사 이야기

    학교에서 일을 시작하면서 느낀 점은 '생각만큼 쉽지 않다' 라는 것이다. 대부분의 사람들은 학교라는 공동체가 주는 이미지를 일반기업에 비해 쉽고 간단한 문제로 생각한다. 물론 나 또한 그러하였다. 그러나 겉표지를 뜯고 보면 내막은 다르다.

    첫 번째로 '교무행정지원사'는 학교에서 가장 핵심이자 중요한 행정을 운영하는 부서인 '교무기획부' 소속이란 이야기를 전해주고 싶다. 나는 2019년 3월 아무것도 모르는 백지 상태에서부터 시작했다. 먼저 일을 했던 실습실무사 선생님에게 기본적인 업무부터 차근차근 배워나갔다. 그 이후는 스스로 부딪혀가며 모난 부분을 깎아 나갔다. 그러나 행정업무의 경계는 방대했다. 혼자서 처리해야하는 일이 아니었기에 더욱 그러하였다. 선생님들은 80명이었고 나는 혼자라는 생각이 들었다. '아웃사이더(outsider)' 라는 단어와 함께 학교라는 단체에서 소속감을 잃어갔다. 외딴 섬에서 하루의 생존을 위해 고군분투하는 기분이었다. 그러나 최근 충격적인 만남을 통해 큰 깨달음을 얻었다. '교무행정지원사'는 '교무기획부' 소속이었던 것이다.

'교무기획부'는 학교에서 가장 핵심이자 중요한 행정을 운영하는 부서이다. 학교생활기록, 출결, 학적, 성적처리, 고사계, 수업시간표, 가정통신문, 교내수상 등 학교 행정의 중심축이다. 마치 우주의 진리를 밝게 보는 눈이 생긴 기분이었다. '아웃사이드(outside)'의 경계가 '인사이드(inside)'로 탈바꿈하는 순간이었다. 주된 행정업무는 가정통신문, 교내수상, 출결, 교원근태, 비상연락망 및 자리배치도, 고사계 OMR카드 계수, 사무용품 구매 및 관리, 학교대표 전화업무, 수능접수 등이 있다. 그 중에서도 가장 기본적인 업무는 전화업무이다. 다른 시각으로 덧붙이자면, 가장 간과했던 업무이기도 하다.

학교의 대표로 목소리를 내는 자리이기도 하며 학교 외부인과 교내 선생님들을 연결 짓는 매개체가 되기도 한다. 이를 위해서는 80명의 선생님들의 업무를 구체적으로 파악하고 있어야한다. 그리하여 외부인이 가지고 있는 학교에 대한 의문점을 보다 더 정확히 해결할 수 있도록 돕는 것이다. 학교의 대표로 목소리를 내는 자리로서보다 더욱 친절하고 정확한 해결을 돕는 서비스를 제공 받으실 수 있도록 해야 할 것이다.

두 번째로, '교무행정지원사'는 선생님들이 학생을 가르치는데 온전히 집중할 수 있도록 돕는 '헬퍼(helper)'의 역할을 갖는다. 교무행정지원사의 업무경계는 사실 행정업무 외에도 자잘한 것들이 있다. 교무실 내의 비품들을 관리하는 업무도 또한 포함이다. 예를 들면 냉장고 관리나 커피 머신기계 세척 같은 것들 말이다. 선생님들이 불편하신 사항을 교무기획부에서 수렴하고 그에 맞는 서비스를 제공하는 것이다. 필요로 하시는 비품이나 물품이 있다면 품의하기도 한다. 그 외에도 필요로 하시는 자리에서 본연의 역할을 감당해야한다. 근무 4년차에, 위기가 닥쳤다. 교육청에서 지원하는 예산이 전체적으로 줄어들었던 것이다. 그 바람에 교직원들에게 제공되는 복리후생비가 3분의 1 가량으로 축소되어 불편을 겪었다. 복리후생비라 하면 교직원의 복지차원에서 지급되는 물품인 대표적으로 '커피' 라고 할 수 있다.

"가영샘, 김연아 커피믹스 좀 사다주면 안될까? 다 떨어진 것 같던데~"

다과와 차 한잔의 여유를 즐기시는 부장님께서 말씀하셨다.

"부장님, 이번에 예산이 많이 없어서 어떻게 될지 모르겠어요. 일단 교무부장님께 말씀드려볼게요."

내가 난처한 표정을 지으며 말했다. 이뿐 만이 아니었다. 각 층에 있는 교무실에 새로 들어온 커피 머신기에 필요한 원두를 사들이는 일은 꽤나 큰 예산을 필요로 했다. 머신기는 있지만 원두는 직접 사드세요, 라고 할 수도 없는 노릇이었다. 그렇다고 각 부서마다 커피 원두를 사드리자니 그것도 어마어마한 값어치에 달했던 것이다. 교직원 선생님들에게 '헬퍼'의 역할을 드리고 싶은 마음에 어떻게든 커피원두를 구해내고 싶었던 경험이었다.

세 번째로, '교무행정지원사'는 긴급 상황에 상시 대기하며 맡은 바 그 자리를 지키는 사람이라는 것이다. 자리를 지키는 일이란 쉽지 않았다. 해야만 할 일들이 자리를 지킬 수 없는 일이었기 때문이다. 선생님들과 소통하기 위해서 자리를 비워야만 하는 경우가 빈번했다. 그래도 맡은 바 기본에 충실하기 위하여 자리를 지키는 사람이 되어야만 한다. 교무부장님께서는 매번 회의가 있으시거나 교무실을 비울 일이 있으실 때 큰 소리로 외치신다.

"행정사님~ 교무실 좀 잘 지켜주세요~~"
종종걸음으로 바쁘게 뛰쳐나가시며 말씀하신다.

어쩌면, 교무실을 잘 지키는 것도 교무행정사의 한 일과와 업무라는 생각이 들었다. 그만한 책임을 갖는 거니까. 아무도 없는 빈 교무실에서 벌어지는 일을 책임진다는 생각으로, 본연의 자리에 대기해야한다.

선생님들과 근무하면서 나 또한 눈에 띄게 성장했음을 깨닫는다. 그 중에 한 가지를 말하자면, 세상을 살아가는 지혜를 배운다. 예를 들면 말하기, 듣기, 쓰기, 읽기와 같은 일상이랄까. 어제보다 더 나은 모습으로 말하고, 듣고, 쓰고, 읽는 사람이 되고 싶다. 항상 같은 그 자리에서, 생계의 자리를 지키기 위해서, 더 나은 내일을 꿈꾸며, 오늘도 출근한다.

02 끝이 날카롭지만, 일은 정확한 사람에 대하여

나는 선단공포증이 있다. 선단공포증은 모서리가 뾰족한 물질을 보고 감정적 동요를 느끼는 증상을 말한다. 원인으로는 초등학생 때 일어난 사건 때문일 것이다. 가정시간에 김밥을 썰고 있었는데 식칼에 크게 베였었다. 피가 철철 나는데도 선생님한테 혼날까봐 꾹 참고 있었다. 결국에는 다친 것을 들켜서 혼났던 기억이 있다. 그 이후로 식칼과 김밥까지도 멀리했다.

사람과의 관계에서도 마찬가지였다. 뾰족하고 날카로운 말을 하는 사람을 멀리했다. 칼에 베이는 것 보다 두려웠다. 칼에 베인 상처는 아물기라도 했지만, 말로 생긴 상처는 쉽사리 잊혀지지 않았기 때문이다. 아직까지도 철철 흐르는 피를 혼자서 수습하기엔 역부족이었나보다.

사립고등학교에서 교무행정지원사로 근무한지 3년 차, 어느 정도 선생님들의 성향을 파악했다. 그 중에는 칼과 같은 말을 하는 선생님이 계신다. 일명 칼선생님. 하는 말마다 모서리가 뾰족해서 가까이 가면 이곳 저곳 찔린다. 그렇다. 평생 날카로운 말을 달고 살아오신 분이었다. 안전한 학교생활을 하기 위해서는 최대한 마주치지 않는 것이 살아남는 길이었다. 그러나 피하고만 다닐 수는 없었다. 계속해서 부딪혀야 했고, 소통해야만 했다.

2020년 12월, 대학수학능력시험을 준비하는 때였다. 여러 가지 일을 하던 중이었다. 결론을 말하자면 나에게는 그다지 중요한 것 같아 보이지 않았던 일에 문제가 생겼다. 사회초년생에게는 이것저것 시키는 일을 하다보면 왜 이 일을 하는지도 잘 모르는 채로 업무를 하기도 한다. 나에게도 바로 그런 일이었던 것 같다.

"실수할 거를 해야지 대체 뭘 한거에요?"
선생님께서 눈을 부릅뜨며 말했다.

"아, 그게 종이컵 배송이 안 왔는데 다른 업무하느라 나중에 말씀 드린다는게 깜박했고…"
예상치 못한 큰 소리에 기어들어가는 목소리로 당황하며 말했다.

"어제는 분명 나한테 배송됐다고 했잖아요!"

"죄송합니다……."

배송이 됐다고 한 적이 없었는데요, 라는 말을 속으로 삼키는 대신 말했다.

물론, 자세한 상황설명을 하자니 유치하고, 그냥 가만히 나의 탓을 인정하는게 위협에서 가장 빠르게 탈출할 수 있는 길이라고 생각했다. 어차피 상황은 벌어졌고, 말은 비수로 꽂혔다. 그리고 상처 받는 사람은 정해져 있었다. 칼선생님을 향한 공포감은 더욱 커져만 갔다. 얼마나 더욱 깊게 베일지 가늠할 수 없었기 때문이다.

칼선생님의 날카로운 말에 베이는 와중에서도 장점을 발견했다. 바로 본인이 할일은 기가 막히게 해결한다는 것이다. 그것도 딱 자기 할일까지 만이다. (더도 말고, 덜도 말고.) 또 몇가지 덧붙이자면, 암기력이 굉장히 좋으시다. 아무리 긴 숫자도 정확하게 외우신다. 어깨너머로 배우기도 많이 배웠다. (따라해보려고 했지만 칼선생님처럼 쉽게 외워지지는 않았다. 아무래도 똑똑하신 분이셨다.)

"이번에 방문하는 고등학교는 뭐냐면, (술술 외우면서) A,B,C,D,E,F,G,H …… 학교야."

"이걸 다 외우셨어요?"

칼선생님은 나에게 눈길도 안주신다. 본인이 할 일만 할 뿐이고, 나는 칼선생님이 시키는 일을 그대로 입력하고 실행하는 엑셀파일이다. 한치의 오차도 없어야 하며, 기계처럼 빠르게 해야한다. 가끔씩 엑셀파일에 문제가 생길 경우에는 호된 질타를 받는다. 나도 업무가 마냥 느린 편은 아닌데도 칼선생님은 따라갈 수가 없었다. 대체 칼선생님이 살아온 환경이 어떠셨기에 그랬을까?

칼은 모서리가 날카로운 대표적인 물건이다. 특히 날이 서있어야한다. 그리하여 업무나 일상생활에 유용하게 쓰일 수 있다. 예를 들어, 식칼은 끝이 뭉특하지 않게 자주 갈아주어야 재료를 손질하기 편하다. 커터칼은 녹슨 칼심을 교체해주어야지 새 것처럼 다시 쓸 수 있다. 반면에 모서리가 둥글거나 뭉특하면 심리적으로 편안하다. 예를 들어, 명찰을 제작할 때 코팅 후에 모서리 부분을 둥글게 깎아주는 것과 같이 말이다. 누군가가 모서리에 베일 위험부담을 줄여주는 단계인 것이다.

그러나 칼선생님은 그런 단계를 거치지 않으셨다. 누군가가 모서리에 베일 위험부담을 줄여주는 행동과 같은 것을 말이다. 그저 본인 스스로가 날이 서 있는 사람으로서 살아가기를 선택한 것이다. 날카롭지만, 정확하게 말이다. 이 세상을 살아가기 위한 방법으로 칼 끝을 날카롭게 유지하는 것, 내가 바라본 칼선생님의 모습이다.

01 오늘은 1시간 일찍 출근을 해보았다.

나의 정규 출퇴근 시간은 오전 8시 30분부터 오후 4시 30분까지이다. 이전부터 일찍 출근하시는 선생님들을 보며 나도 부지런한 아침을 보내고 싶다는 생각을 했었다. 1시간 일찍 출근을 하기로 계획하고는 새벽 6시에 알람을 맞추었다. 아침에 일어나 씻고, 먹을거리를 챙겨먹고, 준비하니 7시에는 출발해야만 했다.

매번 있던 일이 아니어서 그런지 모든 것이 새로웠다. 일찍 일어나보니 부랴부랴 아침을 먹을 필요도 없었고, 버스를 타기 위해 안간힘을 쓰며 뛸 필요도 없었다. 아침 해가 뜨는 걸 바라보며 주어진 하루를 여유 있게 임하는 자세가 생긴 기분이었다. 버스 안 풍경도 사뭇 다르다. 새벽에 출근하는 사람들은 하나 같이 평화로운 표정이다. 시원한 새벽 공기도 나지막히 내려앉았다. 좁아터진 버스 안에서 직장인들을 비집고 힘겹게 내리는 대신, 유유히 도착했다. 시계를 보며 빠른 걸음으로 걸을 필요가 없었다. 이전에는 볼 수 없었던 풍경들이 눈에 들어오기 시작했다. 아침 해가 뜨는 풍경, 환경미화원이 빗자루로 바닥을 쓸고 있는 소리, 부지런히 각자의 길을 가는 직장인들.

출근시간에 딱 맞춰오는 나를 주변에서도 알고 있었을 것이다. 여느 사람이나 그렇듯 사람은 쉽게 변하지 않는다. 본인의 출퇴근 습관은 그대로인 것이다. 그런데 어느날 내가 1시간 일찍 출근을 하니 먼저 일찍 도착하신 선생님들의 관심을 받았다.

"행정사님, 어쩐 일로 이렇게 일찍 왔어요?"
부장님께서 일찍 도착한 나를 보고 놀라신 것 같다.

"매번 부장님처럼 일찍 출근하고 싶다는 생각을 했었는데, 오늘 한번 도전해봤어요."
내가 멋쩍게 웃으며 대답했다.

"아주 훌륭하네요."

마치 학생을 칭찬하듯이 부장님께서 말씀하신다. 부장님은 매번 일찍 출근하신다. 성실하고 부지런하시다. 일찍 출근하고 싶었던 이유 중에 하나도 부장님과 같이 일하고 싶어서였다. 아무도 출근하지 않은 조용한 시간에 나와 업무를 정리하시고 일하시는 모습이 참 멋졌다. 부장님 외에도 새벽같이 일찍 출근하시는 선생님들이 종종 계신다. 가끔 선생님들의 좋은 생활습관을 본받고 싶어질 때 마다 나는 요즘 직장인들 사이에서 유행하는 '미라클모닝' 이 떠올랐다.

할 엘로드 저자의 <미라클모닝 밀리어네어>에서는 아침시간이 중요한 이유를 5가지로 말했다. 첫 번째, 선제 대응력과 생산성이 올라간다. 두 번째, 향후 발생할 문제를 예측하고 미연에 방지한다. 세 번째, 전문가답게 계획을 세운다. 네 번째, 더 많은 활력을 얻는다. 다섯 번째, 긍정적인 마음가짐과 회복 탄력성을 얻는다. 정말 그랬다. 아침 일찍 일어나 출근을 한 날이면 부지런한 선생님들과 차 한잔의 담소를 나누며 하루를 시작하기도 했다. 그리고 업무에 관련한 공유를 잠깐씩 하면서 오늘 하루 일과를 예측하며 선제 대응력이 생겼다. 원래는 더 자고 있었을 시간에 자투리 시간을 좀 더 활용하며 긍정적인 마음가짐으로 상쾌한 업무를 시작할 수 있었다.

김미경 강사는 '새벽 시간은 질이 다르다' 라고 말했다. 다른 시간의 3배에서 4배의 가치가 있는 시간이라고 말한다. 지금의 삶에 만족하지 않는다면 새로운 활로를 찾으라고 한다. 새벽 시간이 가치 있는 시간이라고 이야기를 전해 들은 이후 새벽에 일어나 독서를 해본 적이 있었는데 시간이 정말 느리게 갔다. 아무도 일어나지 않은 조용한 새벽시간을 맛본 사람들은 새벽에 일어나기를 주저하지 않을지도 모른다. 그러나 매번 새벽에 일어나 독서를 하거나, 1시간 일찍 출근하는 것은 쉽지 않은 일이었다.

아침 기상이 어려운 진짜 이유는 무엇일까? <미라클모닝 밀리어네어>에서는 말한다. 첫 번째, 수면은 습관이다. 두 번째, 아침에 일어났을 때의 기분은 그날 해야할 일에 영향을 준다. 세 번째, 이기적인 사람이 될까봐 고민한다. '수면은 습관이다'라는 말에 동의한다. 예전에 몸과 마음이 피곤하여 하루에 12시간씩 자던 때가 있었다. 많이 자면 피로가 풀릴줄 알았는데 아니었다. 습관처럼 잤기 때문에 몸과 마음이 쳐지고 피곤했던 것 같다.

1시간 일찍 출근한다는 것은 엄청난 노력이 필요했다. 사람이 평소에 하지 않던 일을 하면 온 몸에서 변화를 부정한다. 눈은 파르르 떨리고, 온 몸에서 쥐가 나는 등 변화를 거부하는 것이다. 그럴 때마다 1시간 일찍 일어나 누렸던 그 아침시간의 기쁨을 느껴보았으면 한다. 부장님과 같이 출근하여 맞이하는 교무실의 풍경을 함께 누려보았으면 한다. 새로운 시각으로 다양하게 적용할 수 있지 않을까? 연차가 쌓이면서 익숙함에 속아 소중한 것들을 놓치는 일이 없도록 새로운 목표를 세워나가야 할테다.

02 4시 30분에 퇴근하겠습니다

최근 90년대생을 중심으로 일명 '워라밸' 열풍이 불었다. '워라밸'이란 '일과 삶의 균형'을 뜻한다. 개인의 일과 생활간의 조화가 이루어진 상태로 근로자가 일과 개인적 생활을 잘해내고 있다고 느끼는 상태이다. 근로자의 출퇴근 시간, 근무지의 위치 등 환경에 따라서 삶의 행동양식은 천차만별이다. 특히 나는 그것을 온 몸으로 느낄 수 있었다. 사회초년생 때 시각디자인 전공에서 업종을 바꾸어 학교에서 행정업무를 시작했기 때문이다.

사회초년생, 디자이너의 삶은 고달팠다. 왼쪽으로 한 칸만 이동해라, 오른쪽으로 두 칸만 움직여라. 때로는 사공이 많았기 때문에 의견을 모으는 과정에서 할 수 있는 일이라고는 없었다. '다른 이름으로 저장하기'를 활용해 최대한 여러 개의 시안을 만들어 선보이는 것 정도랄까? 직급이 높은 권력자의 선택을 따르는 수 밖에. 디자이너로 일하며 살아가다가는 일찍 죽어버릴 것만 같았다. 새벽에 택시를 태워 퇴근하는 일, 야근을 연달아 2주 넘게 하는 일, 마감시간에 맞추어 작업을 끝내는 일, 작업물의 완성도를 높이는 일 등 새로운 디자인을 계속해서 만들다보니 머리에 쥐가 났다. 그 당시 나의 삶은 균형이란 것을 찾아볼 수 없었다. 제일 충격적이었던 사건은 출근한지 얼마 되지 않았음에도 프로젝트를 시작한 날이었다. 새벽까지 야근을 하다가 연락이 되지 않아 부모님께서 회사로 전화를 하셨던 것이다.

"가영씨, 첫 출근한지 얼마 안됐지만, 오늘부터 프로젝트 들어가서 야근해야 할 거에요."

오후 6시, 퇴근을 준비하던 나에게 팀장님이 비장하게 말씀하셨다. 그리고는 법인카드로 배달시킨 서브웨이와 제로콜라를 꾸역꾸역 입 속에 쑤셔 넣었다. 좋아하는 BLT 샌드위치가 미처 소화가 되기도 전에 모니터 앞에 앉아 작업을 시작했다. 그 때 카카오톡 메시지가 왔다.

'딸, 좋아하는 양배추 쌈 쪄 놨다. 저녁 먹으러 오렴.'
샌드위치보다는 양배추 쌈이 더 맛있을텐데, 라고 중얼거리며 메시지를 읽었다.

"가영씨, 아까 했던 작업물 좀 잠깐 보여줄 수 있어요?"
대리님이 양치컵을 책상 위에 반듯이 정리하며 말씀하셨다.

"네! 잠시만요!"

어머니의 연락에 미처 답장하지 못한 채 업무는 진행되었다. 어느 덧 퇴근시간이 훌쩍 지난 새벽 1시, 마감시간에 맞추어 작업물을 완성해나갈 쯤 이었다. 그 때 회사 대표전화가 울렸다.

"이 시간에 왠 전화야?"
부장님이 피피티 작업물을 저장하지 못하신 채, 짜증 섞인 목소리로 전화를 받았다.

"여보세요? 여보세요? 목소리만 듣더니 끊어지네."
부장님이 수화기를 내려놓으며 덧붙이신다.

"가끔 회사로 전화 오시는 부모님들 계시는데~ 가영씨도 연락 꼬박꼬박 잘하고! 그런 일 없도록 합시다."

그제야 부재중 전화와 쌓여있는 메시지들을 확인하고는 회사로 전화하신 분이 어머니였다는 것을 알아차렸다. 부끄러운 마음에 기어들어가는 목소리로 대답만 했을 뿐이었다. 새벽에 택시를 타고 집에 가는 일이 잦아질 때 쯤 부모님은 걱정스러운 눈빛으로 말씀하셨다.

"우리는 그렇게 몸을 상하면서까지 일하는 거 원하지 않아. 새벽까지 일하고 쪽잠 자고 다시 출근하고 그게 뭐니? 특히나 너는 건강이 좋지 않아서 야근이 잦은 디자인 업무 말고 다른 일 했으면 좋겠구나."

그렇게 퇴사를 해야만 할 이유가 하나씩 쌓여갔다. 대리님과 언성을 높이며 싸웠던 일, 업무 도중 극도의 불안감에 휩싸여 약국으로 뛰쳐나갔던 일, 점심시간에 먹을 도시락을 꼬박꼬박 챙겨 다녔던 일, 새벽까지 술을 마시고 집으로 돌아갔던 일 등. 결국, 3년간 전공으로 공부했던 디자인을 내려놓기로 했다. 그러던 중 기회가 닿아 학교 행정직으로 업종을 바꿀 수 있었다. 치열했던 38:1의 경쟁률을 뚫고 들어갈 수 있었던 이유도 디자인을 다룰 수 있다는 점이 한 몫 하지 않았을까 한다. 그렇게 디자이너로 근무했던 경력을 인정받고, 학교에서 활용할 수 있었다.

이직을 한 후, 체력과 정신건강에도 더 좋은 영향을 주었다. 1시간 넘게 걸리던 출퇴근 시간이 20분으로 짧아지며 불필요한 체력소모가 없어졌다. 9호선의 지옥의 출근길 대신 앉아서 갈 수 있는 버스를 탈 수 있었기 때문이다. 야근은 1년에 1~2번, 회식은 1년에 거의 없는 환경이었다. 그래서 사소한 직장 내의 대인관계로 골치를 아플 일도 없었다.

특히 무엇보다 학교에서 근무하는 것의 장점 중 한 가지는 빠른 퇴근시간이다. 새벽에 택시를 태워 밤하늘의 달을 바라보며 퇴근했던 디자이너의 모습과는 사뭇 달랐다. 해가 일찍 져버리고 마는 겨울에도 벌건 대낮에 퇴근하는 삶. 집에 오면 오후 5시가 채 되지 않았다. 몇 달 동안은 침대에 누워 무엇을 할까 멀뚱멀뚱 고민하는 저녁을 보냈던 것 같다. 매번 저녁이 있는 삶을 행복하게 보낸 것은 아니었다. 저녁시간이 많은 것이 신물이 날 정도로 지겹기도 했고, 할 일이 없어 차라리 바쁘게 일했던 디자이너의 삶을 그리워한 적도 있었다. 서른이 되고는 친구들은 하나둘씩 자리를 잡았다. 오랜만에 친구들을 만나 이야기를 하며 마음을 고쳐먹었다.

"이야~ 너는 퇴근이 5시 30분도 아니고 4시 30분이라고? 부럽다."
건축설계 회사에 다니는 친구가 말했다.

"나는 판교에서 가양까지 출퇴근 하는데 아주 죽겠다. 길바닥에만 3시간을 버리는 듯."
게임회사에 다니는 언니가 말했다.

"정시 퇴근이 7시라서 평일저녁에는 도무지 뭘 할 체력도 시간도 안돼."
물리치료로 병원에 다니는 친구가 말했다.

친구들은 너무 힘들게 출퇴근하고, 늦게까지 야근하는 일이 무척이나 잦았다. 그 이후에는 시간을 활용하고자 안간힘을 썼다. 헬스장도 다니고, PT수업도 받고, 피아노도 배우고, 수영강습도 받고, 책도 읽고, 글을 쓰던 중에 깨달았다.

'완벽하게 저녁이 있는 삶을 살고 있구나. 90년대생들이 추구한다던 '일과 삶의 균형'을 크게 힘들이지 않고 자연스럽게 시대의 흐름을 타고 그 환경을 누리고 있구나.'

근무 4년차. 여전히 4시 30분에 퇴근하는 일은 짜릿한 전율을 준다. 마치 다트게임을 하다 10점 과녁을 맞춘 기분이랄까? 저녁이 있는 삶은, 이렇게 다듬어져가는 중이다. 내가 계속해서 디자인을 했더라면 어땠을까 하는 생각이 스쳐 지나갈 때가 있다. 지금처럼 책을 읽고, 글을 쓰는 삶을 살 수는 없지 않았을까? 매 순간, 내게 주어진 시간을 최선을 다해 보내기를 원한다. 오늘보다 더 나은 내일은 더욱 값진 하루로 내게 선물처럼 주어질 테니까.

3. 서른의 사랑
01 첫 사랑에게 다시 연락을 해보았다.

늦은 시간까지 저녁을 챙겨먹지 못했던 날이었다. 불현 듯, 대학시절을 함께 보낸 첫 사랑이 떠올랐다. 그는 밥을 제때 챙겨먹는 법이 없었다. 배가 안 고파서, 입맛이 없어서, 과제를 해야 돼서, 학식이 별로여서, 돈이 없어서 등 가지각색의 이유를 대며 밥 먹기를 소홀히 했다. 그때마다 '다 먹고 살자고 하는 일인데' 하며 고개를 내저었다. 반면에 나는 배꼽시계에 맞춰 어떻게든 끼니를 챙겨먹는 사람이었다. 나와 함께 있는 날에는 그는 끼니를 잘 해결할 수 있었다. 그에게는 내가 필요했다.

나는 그 이후로 2번의 어설픈 사랑을 했지만 별 볼일 없는 이유 때문에 헤어졌다. 부모님의 반대를 이기지 못해서, 종교가 맞지 않아서 등. 이제 와서 단순히 배고픈 감정 때문에 첫 사랑이 떠오른 건 아니었다. 스물다섯과 스물여섯. 꽃향기 가득했던 20대의 풋풋함으로부터 오는 추억일지도 모르겠다.

그와의 첫 만남은 대학교 대면식에서였다. 그는 우연히 옆

자리에 앉았다. 그러나 얼굴을 볼 겨를도 없었다. 매력적인 중저음의 목소리는 시끄러운 주변소음을 뚫고 나왔다.

"혹시 어디 살아요?"
그가 귓속말을 했다.

"저는 수원에 안 살아요. 영등포에서 기차타고 통학 할 거예요."
인사치레로 물어봤거니 하고 넘기려던 찰나에 그는 눈을 동그랗게 뜨고는 말했다.

"어! 저도 영등포에서 기차타고 통학하는데! 잘됐다, 이따 집에 갈 때 같이 가요."

알고 보니 그는 가까이에 살고 있었다. 우연히 옆자리에 앉은 사람이 근처에 산다고? 게다가 집에 갈 때 같이 간다고? 마지막으로 남은 술잔을 비우며 마음속으로 중얼거렸다.

걱정도 잠시, 밖에서 그를 보니 사뭇 느낌이 달랐다. 어두운 곳에서 앉아 있을 때는 몰랐는데, 그는 키가 크고 얼굴이 새하얀 사람이었다. 처음 봤음에도 친절했다. 기차를 타고 나란히 앉아 집으로 가는 길. 점점 영등포역이 가까워져가고 있었다. 아는 사람 하나 없는 편입생이었던 나는, 절박한 심정으로 그와 친해져야겠다고 생각했다.

"핸드폰 기종 뭐에요? 핸드폰 좀 구경해볼게요."

머리를 재빠르게 굴리고는 그의 핸드폰을 구경하는 척 했다. 그리고 번호를 입력하고 통화 버튼을 누르고는 태연하게 되돌려주었다. 그는 당황하는 기색 없이 호탕하게 웃었다. 이후, 한결 부드러워진 분위기 속에서 이야기를 나누던 중 그와 내가 생일이 같은 날임을 알게 되었다. 딱 1년 차이였다.

"에이, 거짓말 치지 마요. 민증 줘 봐요."
그는 믿기지 않는 듯, 재차 확인하려고 했다.

"진짜라니깐요. 7월 12일 맞아요. 지금은 민증 없어요. 다음에 만날 때 보여드릴게요."

"장난치는 거 같은데, 저랑 생일 똑같은 사람 한 번도 본 적 없단 말이에요."

나도 믿기지가 않았다. 오늘 처음 만났는데 옆자리에 앉은 사람이 근처에 살고 나랑 태어난 날이 똑같다고? 마지막으로 비운 술잔 탓인지, 얼굴이 화끈거리고 어지러웠다. 이후 생일이 같다는 핑계로 가까운 사이가 되었고, 좋은 감정을 가지고 연락하며 연인으로까지 발전할 수 있었다. 우리는 같이 수업을 듣고, 점심을 먹고, 과제를 하고, 등하교를 했다. 붙어 있는 순간이 많을수록 함께 밥을 먹는 시간은 늘어갔다.

"오빠, 오늘 점심 어떡할까? 지애가 같이 학식 먹자는데?"
점심은 챙겨야지, 라는 혼잣말을 덧붙이며 내가 말했다.

"학식? 별로 맛도 없고, 배도 안 고픈거 같아서 그냥 안 먹
으려구"
그는 과제를 하느라 건성으로 대답했다.

"그래도 끼니는 챙겨야하지 않겠어? 나중에 배고파 질텐데
미리 먹자!"

"지애랑 먹고 와. 나는 과제 마저 해야 될 것 같아서."

매번 이런 식이었다. 그는 끼니를 거르고, 과제를 했다. 배고
프지 않아도 끼니를 챙겨먹는 나로서는 이해하기 힘들었다. 억
지로 점심을 먹는 날에는 늦게까지 학교에 남아 야작을 하고는
집으로 가기 일쑤였다.

새로운 인연과 사람들의 만남에 지칠 대로 지쳐 갈 곳을 잃
은 나에게는 안정감이 필요했다. 서른과 서른하나. 우리는 이제
더 이상 학교라는 안정적인 울타리 속에 있지 않았다. 세상 밖
으로 나아갔다. 그저 혼탁한 사회 구조 속에서 살아가기 바빴을

뿐. 그리고 7월. 어김없이 그와 나의 생일이 다가오고 있었다. 오랜만에 그에게 생일 축하를 핑계로 연락을 했다.

"오랜만이야. 생일 축하해. 잘 지내지? 퇴근은 했어?"

"나야 잘 지내지. 아직 퇴근 전이야. 오랜만이네. 무슨 일 있어?"

"아니 그냥, 생각나서 연락했어. 저녁은 챙겨 먹었고?"

"요즘 1일 1식해. 점심 먹고는 저녁은 안 먹었어. 하도 정신 없이 야근을 하는 바람에."

"여전히 밥은 제때 안 챙겨 먹는구나."

"그대로지. 사람 쉽게 변하지 않더라."

그는 여전히 할 일에 치이며 바쁘게 지냈고, 밥을 제때 안 챙겨 먹었다. 익숙했던 모습들을 보니 안정감을 되찾은 듯 했다. 사람은 쉽게 변하지 않는다는 말이 오히려 반가웠다. 대학 시절, 끼니를 거르며 과제를 했던 그 모습이 여전했다.

"다음주 토요일에 약속 있어? 오랜만에 만나서 밥이나 먹자."

"그래. 내가 사줄게. 밥 먹자."

　그와의 끼니를 함께 약속하고는 '연락을 한 것이 잘한 일이었을까,' 걱정이 되었다. 태연하게 연락을 받아주는 그의 심정도 궁금했을 뿐더러, 만나면 그 시절 밥을 챙겨 먹지 않았던 그의 모습을 다시한번 이야기해주고 싶었다. 사람은 쉽게 바뀌지 않지만, 어쩌면 그에게는 다시 내가 필요할지도 모르겠다.

02 가벼운 연애가 하고 싶었다.

주변에서 하나, 둘 결혼을 하기 시작하였다. 서른이 된 나는 아직까지 결혼을 할 생각이 없었다. 결혼보다는 한결 가벼운 연애가 하고 싶었을 뿐이었다. 부모님이 원하는 결혼 상대도 아닌 적절히 나의 외로움을 달래줄만한 그런 사람과 함께 말이다. 부모님은 청년시절 교회에서 만나 결혼하셔서 지금까지 같은 교회에서만 무려 40년 째 신앙생활을 이어나가신 분이시다. 특히 어머니는 골수 신앙인이시다. 나는 어렸을 적부터 무척이나 보수적인 환경에서 자랐기 때문에 특히 한 교회에서 오래도록 신앙생활을 하신 어머니가 때로는 답답하게 느껴졌다. 요즘 시대에 하나님을 믿는 굳건한 신앙을 가지고 있는 사람이 어느 몇이나 될까. 그러던 중 어머니가 아버지와 같은 사람을 어떻게 해서 만나게 되었을지 궁금해졌다.

"엄마는 어떻게 해서 아빠 같은 사람 만나게 됐어?"
호기심에 가득한 목소리로 물었다.

"하나님중심, 성경중심, 교회중심으로 신앙생활 했지~ 예배 꼬박꼬박 잘 다니고, 십일조 빼먹지 않고, 교회 일 열심히 하고!"

호기심에서 시작한 질문의 답은 어느새 잔소리처럼 이어갔다.

"자기 할 일 열심히 하고, 신행일치의 삶이 되어야지! "

나는 손을 절레절레 내저으며 그만하라는 시늉을 하였다.

어머니는 항상 정석대로, 신앙에 있어서는 기본에 충실하신 분이었다. 그럼에도 교회라는 공동체가 주는 미래지향적인 삶은 때때로 나를 피곤하게 했다. 아직 일어나지도 않은 일인 천국의 삶과 보이지 않는 하나님을 두고 기도해야했고, 보이는 것을 쫓아가는 다른 이들과는 확연히 다른 삶을 살아야했다. 이는 연애를 시작하기 전에도 아주 크게 작용을 했다. 교회를 다니지 않는 사람이라면 먼저 연애의 대상에서 제외시키는 일이 대다수였기 때문이다. 서로의 가치관이 다른 사람과의 연애는 끝을 보지 않아도 뻔하다는 그런 마음이었을 거다.

어떻게 보면 '교회를 다니는 기독교인'이라는 카테고리는 하나의 까탈스러운 조건에 불과했던 것 같다. 가끔은 기독교 신앙을 가지고 태어났다는 사실이 억울하고 분할 때가 있다.'아예 하나님을 모르는 사람이었더라면 그 기준을 가지지 않았을텐데.'라는 허무맹랑한 생각이 들었던 적도 있다. 나와 함께 할 수 있는 좋은 사람을 만나고 싶은 생각은 여전히 있음에도 만날 수 있는 기회는 점차 줄어들고 있다. 1인가구의 시대가 자리 잡히고 이른바 '혼행'(혼자서 여행하는 것)까지 유행하는 것을 본다면 이 시대가 흘러가는 흐름에 나 또한' 혼자서 인생을 여행'하는 것은 아닌가 라는 생각이 든다.

이제 막 30대가 된 나에게 '혼자서 인생을 여행'하기로 한 시점에서 연애란 다소 감정소모가 많은 귀찮은 취미정도가 되어버린 것이다. 신앙이라는 가치관이 결혼이라는 굴레와 맞아떨어져야한다면 나는 어디까지 내 신앙을 지킬 수 있을까? 자유로운 가벼운 연애를 하고 싶은 나에게 잘못된 생각인걸까?

그러던 중 청년회 추천도서인 <아직 결혼하지 않은 당신에게> 라는 책을 읽게 되었다. 이 책은 '기독신앙을 가진 청년의 삶에 대한, 그리고 결혼에 대한 하나님의 뜻은 무엇인가?' 에 대한 답으로 성경구절을 인용하였다. "그런즉 너희가 먹든지 마시든지 무엇을 하든지 다 하나님의 영광을 위하여 하라" (고전 10:31) 우리는 행복한 삶을 위해 하나님이 아닌 결혼과 돈, 그밖에 다른 무언가를 구한다. 그에 하나님은 "말씀이 육신이 되어 우리 가운데 거하시매 우리가 그의 영광을 보니 아버지의 독생자의 영광이요 은혜와 진리가 충만하더라" (요1:14) 라고 대답하신다.

최근 자유로운 가벼운 연애를 하고 싶다는 나에게 커다란 충격을 가져다준 책이었다. 이 책에서는 이 세상 관심사들은 우리의 주의와 흥미를 잠깐은 사로잡을지 몰라도 우리를 오래도록 만족시키지 못한다고 말한다. 모든 SNS게시물처럼 아래로 밀려 사라질 뿐이다. 행복해지고 싶은 욕구 안에는 인정받고 사랑받고 싶은 욕구가 감추어져 있다고 한다.

"우리의 삶은 함께 나누도록 지어졌다. 우리는 모두 어딘가에 기댈 수 있기를 원하고 의미 있는 일에 중요한 기여를 하기 원하고, 변화하기 원한다. 아직 결혼하지 않은 삶에서 사랑과 기쁨과 의미를 하나님이 아닌 사람에게서 찾기 시작할 때 불만과 실망이 고개를 든다. 우리는 결혼하지 않아서가 아니라, 결혼이 궁극적으로 우리를 행복하게 해 줄 거라고 생각하기 때문에 비참해진다. (중략)"

하나님께서는 우리를 위한 계획이 있으시다. 그 계획은 내가 원하고 상상할 수 있는 그 무엇보다 더 좋은 것이다. "기록된 바 하나님이 자기를 사랑하는 자들을 위하여 예비하신 모든 것은 눈으로 보지 못하고 귀로 듣지 못하고 사람의 마음으로 생각하지도 못하였다 함과 같으니라"(고전 2:9). 라고 말한다. 당신의 아버지 되시는 하나님은 배우자가 주는 것과는 감히 비교될 수 없을 만큼 훨씬 더 많이 당신을 사랑하신다.

최근 청년회에서 임원으로 섬기며 함께 했던 후배들을 만났다. 작년에 그 친구들에게 이 책을 선물 했었다. 그 당시에는 큰 울림이 없었던 책이 최근에서야 색다르게 다가왔다고 전해 들었다. 서로에게 털어놓지 못했던, 특별한 기독교 신앙을 가진 청년들에게 나만의 고민이 아닌, 이 책을 통하여 각자에게 적용되었던 것 같아 내심 뿌듯한 마음이었다.

40년동안 한결 같이 신앙만을 바라보았던 어머니의 삶에서 처럼, 어쩌면 하나님이 원하시는 삶의 방향은 정해져 있을거라는 생각이 들었다. 다만 가벼운 연애를 하고 싶었던 나에게도 이 책을 읽으며 하나님 중심의 기독 청년들이 어떤 마음가짐으로 연애, 혹은 결혼을 준비해야할 것인지 다시 되새겨보는 시간이었던 것 같다.

4. 서른의 꿈

01 200권의 책을 읽고 나서 생긴 5가지 변화

오랜만에 고등학생 때부터 나를 알던 10년 지기 친구에게 안부 전화를 했다. 그 친구는 삶이 팍팍한 모양이었다. 이전부터 날카로운 말들을 하기로 유명했지만, 세월이 흐른 친구의 말투는 처음부터 끝까지 가시 돋힌 말들로 가득했다. 반면에 친구는 수화기 너머의 나에게 왜 이렇게 변했냐며, 무슨 일이 있었던 거냐며 놀라워했다.

"얘, 너는 사람 참 착해졌다. 무슨 일이 있었던 거야? 사람이 여유가 생겼네"

감수성이 풍부한 사춘기 소녀 때 극도로 예민했던 나의 모습을 떠올렸나보다. 그 때 잠시 잠깐 나의 학창시절의 모습이 떠올랐다. 얌전해 보이는 이미지와 다르게 사고치러 다니기에 여념이 없었던 나는 그야 말로 질풍노도의 시기였다. 그 뿐만이 아니라 함께 시간을 보낸 친구들이 내 모습이 변한 것 같다고 한 것은 이번이 처음은 아니었다.

5년 전, 편입을 하면서 어울렸던 대학친구를 오랜만에 만났을 때도, 몰라보게 차분해졌다면서 나의 모습을 신기해 한 적이 있었다. 지속적으로 만남을 가져왔던 친구들은 느끼지 못했던 모양이지만 말이다. 그 때 마다 머릿속에는 꾸준히 독서하는 삶이 나의 내면과 외면의 모습을 변화시켰다는 생각이 끊이질 않았다. 그래서 성공하는 사람들이 독서의 중요성을 강조했을까? 이번 기회에 짧은 2년간의 시간에 읽었던 책을 정리해 보니, 대략 150권이다. 그리하여 150여권의 책을 읽으면서 생기는 5가지 변화를 다음과 같이 나누어보려고 한다.

첫 번째로, 마음의 여유를 갖는다는 점이다. 책 속에는 다양한 저자들이 존재한다. 찢어지게 가난한 가정에서 자란 사람, 사업으로 집 한 채를 날려버린 사람, 목표를 가지고 1년에 1000권의 책을 읽은 사람 등. 여러 어려운 환경에서 작은 도전을 한 저자들의 이야기를 듣다보면 나의 현재 모습에 감사하는 순간이 찾아온다. 고민했던 나의 작은 문제들은 별거 아니었음을 깨닫는다. 그렇게 나는 마음의 여유를 갖게 되었다.

두 번째로, 세상을 바라보는 관점이 따뜻해진다. 매일 아침 뉴스나 신문기사만을 읽은 사람의 시선과 자기 계발서를 읽은 사람의 시선의 차이는 어마어마하게 다를 것이다. 책에서조차도 신문기사보다 책을 읽는 것을 권유하기 마련이다. 짧은 기사거리보다 고차원적인 사고와 꾸준히 하는 독서는 엄연히 다르다. 그리하여 책 속에 성공한 저자와 어깨를 나란히 하고 따뜻한 시선으로 세상을 바라보게 되는 것이다.

세 번째로, 나도 성공할 수 있다는 확신을 갖는다. 성공적인 변화를 위해서는 적극적인 실천을 해야 한다. 둘도 없는 책 속의 저자가 성공하는 경험담을 읽는다면, 나 또한 저자를 따라 하며 행동하도록 노력할 것이다. 그럼으로 인해 나 또한 성공할 수 있다는 확신이 생긴다.

네 번째로, 주변 사람들로부터 신뢰를 얻는다. 책을 읽는 사람이라는 것만큼 온전한 신뢰의 도구가 있을까. 그만큼 독서는 모든 사람들에게 잘 알려진 최고의 자기계발이다. 독서하는 사람이라는 인식이 생기면서부터 주변 사람들로부터 신뢰를 얻는다. 요즘은 퍼스널 브랜딩의 시대이다. 책을 읽고, 덧붙여 쓰기까지 한다면 그 어떤 자격증이나 학위보다도 믿음직스러운 방법으로 입증하게 될 것이다.

다섯 번째로, 새로운 것에 도전하는 용기를 갖는다. 이전의 것들을 내려놓고 새로운 변화를 받아들이기 위한 과정을 거치기 위해서는 용기가 필요하다. 가보지 않은 길, 불확실한 미래로 펼쳐져 있는 곳을 위한 하나의 여정이다. 특히 독서를 하면서 도전했던 것 중에 '미라클모닝', '매일 8분 글쓰기'와 운전면허증 취득을 위해서 시도한 것이 기억에 남는다. 특히 '매일 8분 글쓰기'

는 한 달 정도 했는데 또 한 번 도전하고 싶다. 블로그에 기록으로 남아 있어 그 때 그 순간의 기억들이 생생하다. 책을 읽으면 읽을수록 새로운 것에 도전하고 싶다는 생각이 샘솟는다.

변화는 언제나 두근거리고 새롭다. 꾸준한 독서는 당신에게 변화를 가져다 줄 것이 틀림없다. 나 자신에게 어떠한 방법으로던 어제와 다른 내일을 살고 싶다면 책을 읽어보자.

4. 서른의 꿈

02 서른에게도 꿈이 필요해

초등학교 동창친구가 10년 후에는 어떤 삶을 꿈꾸는지 물어보았다. 마치 초등학생 때 20년 후의 모습을 그렸던 우리들이 떠오른다. 올해로 우린 서른이 되었다. 10살도 안되었던 애들이 이제는 결혼을 하고, 또 다른 미래의 10년을 꿈꾼다. 아직도 막연한 걱정과 고민으로 현재를 살아가고 있는지 모른다.

"글쎄, 나는 32살에 결혼해서 10년 후면... 40살이니까 초등학생 딸이 한 명 있지 않을까?"

아직 남자친구가 없는 친구가 말했다.

"그때면 나는 결혼했겠지? 딩크로 살고 싶어."

4년째 연애를 하고 있는 친구가 말했다.

"나는... 베스트셀러 작가가 되고 싶어!"

내가 눈을 반짝이며 말했다. 친구들은 액션영화 관람 하듯 재밌는 표정으로 나를 쳐다보았다.

내가 베스트셀러 작가라는 꿈을 꾸게 된 것은 얼마 되지 않았다. 코로나로 사회가 뒤죽박죽이 되었을 때부터 책을 읽기 시작했고, 꾸준한 독서로 글을 써보고 싶다는 생각이 들었을 뿐이다. 더 나아가 바쁜 현대인의 일상에 따뜻한 공감과 위로를 주는 글을 쓰고 싶었다. 그러나 주변에는 꿈을 가지고 있는 사람이 생각보다 많지 않다는 것을 알게 되었다. 내가 작가라는 꿈을 가지고 있다는 것을 이야기 할 때면 대부분의 사람들은 한마디로 '들은 체, 만 체' 했다. 각자의 삶이 바쁘기도 했지만 남의 꿈 타령을 듣고 있기에는 따분했을지 모른다. 심지어 가장 가까운 가족들도 그렇다. 글을 쓴다고 하면 오히려 싫어하시는 눈치이시다. 차라리 운동을 하라며, 살을 빼고 예뻐지라며 나무라신다.

"스터디 카페 좀 다녀올게요."

도무지 집에서는 집중을 할 수가 없어서 퇴근 후, 운동까지 하고 가방을 챙겼다.

"운동을 더하지 왜 글을 쓰니?"

어머니는 내가 글을 쓰는 것을 마음에 들어 하지 않았다. 돈도 벌고 왔고, 하라는 운동도 했으며, 이제는 내가 하고 싶은 글을 쓰러 가겠다는데. 분통이 터졌다. 그럴 때마다 꿈을 지지해주고 응원해준 것은 다름 아닌 '책'이었다. 책은 나에게 위로를 던져 주었고, 새로운 의미를 부여해주었으며, 외로운 작가의 꿈을 지지해주었다. 특히 최근 나의 꿈을 지키는데 도움을 주었던 최근에 베스트셀러 반열에 오른 이광형 작가의 <우리는 모두 각자의 별에서 빛난다> 라는 책의 내용을 소개하려고 한다.

'사람은 결국 자기가 믿는 대로 된다. 사람은 결국 '습관'으로 이루어진 생명체이고, 습관이 바뀌면 내가 바뀐다. 우리 모두는 각자 자신이 원하는 모습으로 언제라도 탈바꿈 할 수 있다. 꿈의 크기가 곧 인생의 크기다. 명확한 꿈을 세운 사람은 가장 고된 길에서도 앞으로 나아가지만, 아무 꿈이 없는 사람은 가장 순탄한 길에서조차 포기하고 돌아서는 법이다.'

오늘의 습관이 모여 내일을 만들고, 내일이 쌓여 미래가 되어 꿈을 결정하는 것처럼 우리는 하루하루의 삶의 습관과 행동을 충실히 해야 할지 모른다. 최근만이 아니라 지난 3년동안 읽었던 200권의 책을 통틀어 가장 기억에 남는 책을 고르자면 나는 주저없이 C.S.루이스의 <스크루테이프의 편지>를 추천할 것이다. 기독신앙 서적으로, 악마의 관점에서 조카 웜우드에게 쓰는 31통의 편지로 이루어져있다. 신랄한 악마의 관점에서 인간에 본질에 대한 깊은 통찰력은 탄성을 자아냈다. 그 중 습관과 행동에 관련된 내용을 나누고자 한다.

'가장 중요한 건 인간이 어떤 것도 행동으로 옮기지 못하게 막는 일이다. (중략) 하찮은 짐승이 자기 머리 속에서만 뒹굴게 하거라. (중략) 여하튼 행동으로 옮기는 것만 아니라면 무슨 짓이라도 하게 두거라. 상상과 감정이 아무리 경건해도 의지와 연결되지 않는 한 해로울 게 없다. 어떤 인간이 말했듯이, 적극적인 습관은 반복할수록 강화되지만 수동적 습관은 반복할수록 약화되는 법이거든. 느끼기만 하고 행동하지 않는 경우가 많아질수록, 점점 더 행동할 수 없게 될 뿐 아니라 결국에는 느낄 수도 없게 되지.'

스크루테이프의 신랄한 한 마디처럼, 행동하지 않는 사람은 결국에는 느낄 수조차 없게 될 것이다. 적극적인 습관과 행동, 그리고 꿈이라는 3박자를 갖추기 위해서는 의지가 필요했다. 베스트셀러 작가라는 미래의 꿈을 위해서 실천하는 행동들이 모여서 습관이 되는 과정이 아닐까. 우리는 아직 20년 전, 초등학생 때의 모습을 가지고 10년 후를 계획하고 있었다. 20년이 지난 지금에서도 다를 것이 없었다. 지금 이 순간의 선택이 오늘을 바꾸고, 오늘의 선택이 모여 내일이 되는 것처럼.

나에게 다소 귀찮은 글쓰기를 마무리 하며

살다보면 다소 귀찮은 일들이 생긴다. 하기 싫은 일도 있고, 짜증이 날법한 일들도 있다. 특히 오늘 같은 날에는 아무것도 하고 싶지 않아지는 날이었다. 비가 와서 나가기 귀찮고, 습하고 꿉꿉한 마음에 출근하는 것이 어쩔 수 없는 일이 되어버리고 만다. 어제는 비가 너무나도 많이 왔던 날이었다. 강남역 일대가 잠기고, 화제를 불러일으킬만한 사진 속 주인공이 되기도 한다. 사진 속 주인공은 집에 잘 갔을까.

다소 귀찮은 일은 가장 가까이에 있을지도 모른다. 밥을 먹는 일, 출근하는 일, 씻는 일, 운동하는 일, 글을 쓰는 일, 내가 하고자 했던 것들을 행동으로 옮기는 일. 어쩌면 그런 일들이 모여서 <나의 귀찮음일지>가 되어버린 것은 아닐까.

아. 귀찮다.

대충 살라는 말이 나에게 엄청난 위안을 주었던 것처럼 가끔은 대충 쓰는게 정신건강에 더 좋을지 모르겠다. 정신건강에는 좋을지 몰라도 그럼에도 대충 살지 말고, 대충 쓰지 말자.

제3장

그날의 노을 모음

영다정

영다정

편안한 사람이 되고 싶습니다. 나에게도, 당신에게도.
노을이 지는 하늘을 보신 적이 있으신가요?
저는 마음을 편안하게 하는 노을을 좋아합니다.
그리고 마음에 드는 노을을 핸드폰에 저장해 두곤 합니다.
제가 좋아하는 노을 사진을 글과 함께 전달하고 싶었습니다.

목 차

1. 테니스를 3개월 배우고 그만두었다

20210628

유난히 작년 여름엔 노을을 자주 봤다.

날씨가 맑아서 그런지 하늘의 색이 자주 그림의 것처럼 보였다. 그 하늘을 바라볼 일이 있을 때마다 사진으로 남겼다. 그래서 휴대폰 앨범에 노을 사진이 많을 거라고 생각했다. 하지만 문득 얼마 전 그즈음의 핸드폰 사진첩을 보니 아쉽지만 노을 사진이 많지는 않았다. 이렇게 기억이 희미할 줄 알았다면 좀 더 열심히 노을 사진을 찍었을걸.

주로 사진을 찍었던 건 테니스 수업에 가거나 수업을 마치고 집에 오는 길이었다. 테니스 레슨은 월요일과 수요일. 테니스 수업이 끝나던 시간은 7시 수업이던 월요일엔 8시였고, 9시 수업이던 수요일엔 10시가 끝나는 시간이었다. 시간상 월요일의 노을을 오랫동안 바라볼 수 있었다.

테니스를 시작하게 된 데는 계기가 있었다.

하나는 테니스라는 스포츠에 대한 호기심이었다. 요즘 핫한 스포츠여서이기도 하지만 테니스를 해 보고 싶었던 마음은 전부터 있었다. 바로 내가 2~3년 전쯤부터 보던 웹툰 때문이었다. '프레너미'.

제목(friend+enemy: 친구+적) 그대로 테니스 천재인 중학생 소년이 테니스를 하고 그 과정에서 뛰어난 실력자들을 때론 친구로, 때론 적으로 마주하며 성장해 가는, 꽤나 전형적인 이야기였다. 하지만 당시에 전혀 몰랐지만 (지금도 사실 잘 모른다) 여러 테니스 기술들이 정말 멋져 보여서 언젠가 도전해보고 싶었다.

두 번째로 나에게 계기가 된 건 당시 나보다 한두 달 먼저 테니스를 시작한 친구였다. 그 친구가 먼저 테니스를 시작했고 재밌다고 하니까 나도 같이 치고 싶었다. 그 친구의 집이 레슨 장소와 가까웠고 우리 집은 40분쯤 걸렸지만 친구의 집이 가까우니 아무렴 어떤가 싶었다. 그 김에 친구도 자주 보고, 뭐, 어쩌면 레슨 끝나고 맥주라도 한 잔 같이 할 수 있을 테니.

세 번째 계기는 현실적인 이유였다. 그때 레슨을 등록하기 좋은 환경이었던 게, 최근 테니스가 대중적으로 인기가 많아져서 레슨 시간을 확보하기도 어려운데 이미 확보된 친구의 레슨 시간이 있었다. 게다가 주 2회인데 다른 학원의 주 1회 레슨 비용과 비슷한 가격이니, 거의 반값에 레슨을 받을 수 있었다. 이정도면 레슨을 안 받을 이유가 오히려 부족했던 것 같다.

그렇게 테니스를 시작했다. 그 덕분에 월요일과 수요일에는 그래서 분주하고 짐이 많았다. 아침에 나는 테니스 가방으로 사용하는 비교적 큰 캔버스 재질의 에코백에 라켓과 실내용 운동화를 챙겼다. 일과시간 후에 레슨을 받는 거라 부피도 큰 짐을 짊어지고 다녀야 했던 게 번거롭기는 했지만 라켓을 보고 학원친구들이 멋지다고 말해줘서 우쭐해지는 기분이 들기도 했다.

작년 6월 28일이자 월요일이었던 날의 노을은 테니스 레슨후에 집으로 돌아오다 본 노을이었다. 수업이 끝나고 버스정류장으로 내려가는 언덕에서 하늘을 올려다보면 매번 하늘의 색이 달랐다. 다르게 예뻤다. 어떤 날은 붉고 다른 날은 분홍에 가까웠다. 아름다운 하늘을 보면 그날 일과가 아름답게 마무리되는 것 같았다.

사실 사진을 많이 찍지 못한 이유가 따로 있는 것 같다. 날이 맑았지만 아주 많이 더운 것이 작년 여름이었다. 날씨 때문에 스트레스가 아주 많아진 나는 단발머리를 하고 싶은 충동처럼 8월에 테니스를 중단했다. 내 의지가 너무 약한가 싶었는데,

생각해보니 테니스를 시작할 때의 결심과 딱 비슷한 정도의 마음가짐이었다고나 할까.

지금은 다시 테니스를 시작했다. 3개월을 배우고 그만뒀다 다시 3개월 배웠으니 쉬는 기간을 고려하면 작년만큼 배운 셈이다. (그리고 이 글을 퇴고 중인 지금 이번 달은 잠시 쉬는 중이다.) 이번에도 시작은 큰 계기가 아니었다. 쓰던 라켓이 있고 사람과 교류를 많이 할 수 있는 스포츠인 점, 그리고 이제 처음은 아니라서 두려움이 없다는 점이 다시 시작하던 이유였다.

이번엔 인내심을 가지고 해야겠지만 중간에 싫증이 좀 나더라도 '그런 날도 있다'라고 생각하면 좀 싫증이 줄어들지 않을까?

한여름의 활자들

2. 우리 동네는요

20211208

현관 자동문이 열리면 집 앞 골목길이 보인다. 초등학교의 담을 사이에 둔 도로에 햇살이 비치는 것을 보며 무언가 새로운 일을 시작하는 날의 기분이 된다. 발걸음이 조금 빨라지는 것 같기도 하다.

우리집은 아주 언덕 위에 있다. 언덕을 내려갈 때 날씨에 따라 더 잘 보이거나 흐려 보이는 산으로 그날의 날씨를 가늠해 보곤 한다. 멀리 높은 빌딩과 파란 하늘이 보인다. 때로 비행기가 그 위로 지나가곤 한다. 그럴 때마다 내가 지금 사는 집과 동네를 좋아한다는 것을 느낀다. 그렇지만 처음부터 내가 사는 동네를 좋아하지는 않았다.

생각해보면 이 동네를 잘 몰라서 그랬던 것 같다. 내가 사는 곳인데 왜 잘 모르냐고 누가 그러면 이렇게 대답할 것 같다. 정말 이사 오고 한 1년 동안은 집은 잠만 자는 곳이어서 그랬다고. 회사가 서울이라 온 거라 누굴 만나도 집 근처 말고 연남동이나 강남, 이태원 이런 모이기 좋은 '핫플레이스'에 갔으면 갔지, 이 주변에는 갈 만한 곳이 별로 없다고 생각했다.

그러다 재작년 초부터였나, 이 동네가 좋아지기 시작했다. 정확히는 모르지만 그때 계기라고 하면 운동인데, 별건 아니지만 달리기 때문이었다. 전에 마라톤 하다가 3, 4년 전쯤 발목이 심하게 안 좋아져서 운동을 쉬었다. 그 후로 살도 찌고 체력이 너무 안 좋아져서 다시 운동을 해야겠다 싶었다. 중간에 아예 운동을 안 한 게 아니고 잠시 근처에 사시는 고모의 권유로 헬스장에 갔던 적이 있는데, 너무 하기 싫어서 오히려 운동 스케줄을 지키지 않을 때가 많았다. 그래서 운동을 다시 시작할 때는 내가 좋아하는 운동이어야 했다.

달리기 코스에는 언덕이 있었다. 무려 언덕을 내려온 다음, 우리 집이 있는 언덕의 옆 언덕 하나, 둘, 세 개를 넘어갔다가 다시 돌아오는 굉장히 '언덕언덕 한' 경로. 언덕 위에 집이 있지만 기왕 운동하는 거, 제대로 하자 싶어서 굳이 코스에 오르막길을 잔뜩 넣어 버렸다.

이런 고난도(?) 코스도 여러 날 반복하면 힘든 언덕도 익숙해지긴 한다. 마지막에서 두 번째 언덕은 가장 힘든 구간이라 아무 생각도 안 드니까 그건 빼고. 그 길을 일주일에 세 번쯤, 한 달 동안 달렸다. 쓰고 보니 힘들었다면서 잘도 다녔다.

그렇게 달린 지 2주째 되던 어느 날, 갑자기 그 '마지막에서 두 번째 언덕'을 올라가는데, 그날따라 내려오는 길이 다르게 보였다. 경로는 평소와 같았는데. 그곳은 왼편에 있는 연립주택과 은행나무 가로수가 이어진 길이었고, 그 옆 차도에는 자동차 전조등이 환하게 거리를 비추고 있었던 특별할 것 없는 거리였다. 어떤 일이 생겼다거나, 누구를 만났다거나 그런 것도 아니었고. 그냥 그 풍경이 아주 느리게 펼쳐지는 것처럼 보였다. 한마디로, 반했다.

'와, 왜 이제껏 여기가 이렇게 근사한 산책로가 있는 걸 모르고 여기 살았지?' 후회도 후회지만 억울하기도 하고 이 동네를 내가 너무 몰랐던 게 아쉽기도 했다. 한 가지 더 아쉽게도 이 순간의 사진을 남겨 놓지는 않았다. 대신 더 달렸다.

달리다 보니 육교가 나왔다. 육교와 지면 사이로 해가 지는데 어쩜, 하늘 색이 칵테일이랑 똑같았다. 이름에 선셋이 들어가는 그런 칵테일 마냥 층층이 넘어가는 해 부분은 붉고, 위로 갈수록 붉은빛이 옅어지는 그런 빛깔이었다.

보고 싶은 것이 많아졌다. 더 많이 걷고, 뛰었다. 그러면 더 보였다. 그냥 지나치기 아쉬워 그 보이는 모습을 사진으로 남기기도 했다. 담벼락 아래 핀 들 꽃, 골목을 돌아다니다 마주치는 고양이들, 누군가의 집 앞에 가꿔진 그 집주인 만의 작은 정원, 골목길이 어두워지는 때에 빛이 나기 시작하는 가로등,…

그리고 동네 친구를 만들면서 더 이 동네가 좋아졌다. 동네를 알아볼 기회도 많아졌고. 나는 이제 동네에 가까운 시장이 다섯 군데가 넘는다는 것도 알고 집 앞 시장에서 파는 떡볶이와 탕수육이 맛있다는 것도 알고 있다. 맛집을 추천해 달라고 한다면 메뉴별로 알려줄 수도 있다. 단골 가게도 있다. 그리고 관악산이든, 도림천이든, 보라매공원이든 가까이에 있는 산과 강에 제가 좋아하는 꽃과 나무가 가득하다는 것도 안다.

누가 이 동네에 이사 오고 싶다고 한다면, 나는 추천하는가? 답은 'Yes'.

2. 우리 동네는요

3. 쓰레기 봉지를 들고 웃고 있는 한 연예인의 사진을 봤다
20210426

어느 날, 인스타그램에서 쓰레기 봉지를 들고 웃고 있는 한 연예인의 사진을 봤다.

사진 속 연예인은 슈퍼주니어의 멤버 최시원이었다. 그는 평소 사회적인 실천에 관심이 많고 열정적인 사람이었다. 나는 그 열정을 본받고 싶어서 소식을 받아보고 있었는데, 그 쓰레기 봉지를 든 사진과 함께 그가 올린 글에서 '플로깅'이라는 단어를 처음 알게 되었다.

플로깅은 스웨덴어로 '줍다'라는 의미의 '플로카 웁(plocka upp)'이라는 단어와 '조깅하다'라는 의미의 '조가(jogga)'라는 단어의 합성어로, '조깅하며 줍기'라는 뜻이라고 한다.

조깅을 하면서 쓰레기를 주워서 건강도 챙기고 환경보호도 하자는 취지의 이 활동은 2016년에 스웨덴에서 시작되었는데, 처음에는 북유럽을 중심으로, 그리고 전 세계로 퍼진 것이다.

지금처럼 플라스틱 사용으로 발생하는 쓰레기에 대해 심각하게 생각하는 사람이 많아지면서 더 활발해진 사회적 운동이다.

사진을 본 날, 당시 나는 제주도를 여행 중이었다. 사진을 보고 나는 당장 내일 이걸 해봐야겠다는 생각이 들었다. 제주도의 산과 들, 바다 곳곳에 주인모를 누군가의 흔적들이 치워지지 않은 채 곳곳에 보였지만 마땅한 도구도 없고 해서 지나치던 여행이 이어지고 있었다. 그게 벌써 7일 차가 된 날의 밤이었다.

마음 한 구석에서 계속 '저걸 저렇게 놔두면 안 될 것 같은데...' 하는 생각이 맴돌던 중이었는데 사진을 보고 어쩌면 이 활동을 하는 데에 도움이 얼마나 되건, 도움이 되건 안 되건 일단 하는 게 중요하지 않나 싶었다.

다음 날 오전, 숙소였던 제주시 북쪽에 위치한 도두동에서 출발해서 버스를 두 번 갈아타서 김녕에 도착했다. 김녕으로 간 이유는 먼저 전부터 바다가 아름다워서 한 화장품 회사는 김녕의 바다를 매니큐어 색 이름으로 지었어서 그 빛깔이 무척 궁금했다. 그리고 여행 3일 차에 머물던 곳이 월정리였고 김녕이랑 가까웠는데도 못 가본 게 아쉬웠던 차였다.

이 날 여행에서 계획한 활동이 플로깅이라 쓰레기를 담을 비닐봉지 하나를 챙겨서 숙소를 나섰고, 가는 길에 집게도 하나 구입했다. 그러면서도 내심 내가 가지고 간 도구들이 쓸모가 없기를 바랐다. 쓰레기가 없었으면... 있더라도 한두 개만 있었으면... 했건만. 막상 도착하니, 해변의 모습은 내가 바라던 것과 다르게, 그리고 예상한 것과 너무나 일치했다.

마시다 말고 버려진 생수병, 과자봉지, 슬리퍼 한 짝, 세제통 등... 신발도 편한 것을 신고 갔는데. 이건 뭐, 조깅하며 주울 필요도 없었다. 10분도 채 안 되어서 가져간 비닐봉지가 가득 차고도 남았다.

쓰레기통이 없는 곳도 아닌데 이렇게 쓰레기가 모여 있는 것도 충격이었다. 주변에 비치된 쓰레기통에 좀 전에 모은 플라스틱 한 봉지를 버리는데 많은 생각이 들었다. 혼자 올 게 아니라 누구 다른 사람을 또 데리고 왔어야 했다는 생각도 들고, 내가 하는 활동에 의미가 있는 걸까 의심도 들고.

조금 허탈한 기분으로 바다가 보이는 카페에 갔다. 자리는 창가 자리. 평소 입식 테이블을 선호하지만 아늑한 분위기인 좌식 테이블을 골랐다.

커피를 마시기에 조금 답답한 마음이었는데, 메뉴의 맥주가 눈에 들어왔다. 잔에 맥주를 따르면서 가져온 사인펜과 엽서 크기 종이를 꺼냈다. 그림을 그리고 싶어서 뭘 그릴까 하고 창밖을 바라보는데 빨간 등대가 눈에 들어왔다. 등대가 있는 바다를 그리며 생각했다.

'그래, 일단 내가 이렇게 느낀 것을 공유하는 것에서 시작하자. 나도 인스타그램에서 그 연예인이 올린 사진을 보고 이렇게 플로깅을 하러 도구까지 챙겨 왔듯이. 서울에서도 플로깅을 좀 하고.'

삼일 동안 여행을 더 하고 서울에 돌아왔다. 당시 여행에서는 인스타그램으로 바로 플로깅 활동을 공유하고 내가 한 활동을 소개했다. 하지만 제주에서 한 그 다짐을 잘 실천하지는 못하고 있다. 관심이 없는 것은 아닌데 실천이 쉽지 않다.

그래도 긍정적인 소식이 있다면 이제는 작년보다 더 많은 사람이 플로깅을 알고 해 본 사람도 많아졌다. 오히려 나에게 플로깅에 대해 아냐며, 같이 할 생각 있냐고 물어보는 사람도 있었다. 언제라도 함께할 사람이 많아져 든든하다. 생각난 김에 같이 플로깅 하러 가게 모임을 만들어 봐야겠다.

한여름의 활자들

4. 야외 페스티벌 공연 불황기의 단비 체험기

20210627

"기분 좋은 vibe

이 음악 제목이 뭐지 상관없어

춤추면 되지"

노래를 부르면 안 되지만 신나는 건 어쩔 수 없었다. 흥얼거리는 것도 조용하게 마스크 쓰고 즐기는 건데 괜찮지 않을까.

예이 언니도, 나도, 마스크를 쓴 채로 밴드 호피폴라의 'Let's'를 흥얼거리며 리듬을 탔다. 고개를 좌우로 까딱까딱, 양손도 펴서 노래에 맞춰 살랑살랑. 올림픽공원 잔디광장 위 파란 하늘에 구름이 슬금슬금 하얗게 자기들도 노래를 듣겠다는 듯 다가오고 있었다.

예이 언니는 나의 페스티벌 메이트다. 대학을 다닐 때까지만 하더라도 나에겐 페스티벌을 같이 가자는 친구가 없어서 부러워만 했었다. 기껏해야 대동제를 하면 동기들과 같이 보러 갔던 것 같다.

학교를 졸업하고 나서 몇 년이 지난 어느 날 얘기를 나누다가 야외 공연 얘기가 나왔다. 그러다 언니도 밴드 공연과 이런 무대를 즐긴다는 것을 알게 되었다.

알게 되고 나서는 우리는 맨날 밴드 맨에 대해 얘기하고 밴드 음악 플레이 리스트를 공유했다. 그리고 3년 내내 페스티벌 공연도 함께 보러 다녔다. 특히 세 번째 함께 했던 2019년의 공연 날은 비가 온종일 쏟아지는 와중에도 우비를 입고 밤까지 놀았다. 로큰롤(Rock & Roll)!

그랬는데, 코로나가 터졌다. 공연도 없어졌다. 기약도 없이 2020년의 공연은 대부분 무기한 연기 또는 취소됐다. 우리의 그린플러그드 페스티벌도 회사가 망했다고 들었다.

2021년 6월에 열린 이 날의 공연은 코로나19 때문에 1년 반 동안 사라진 야외 페스티벌 공연의 귀환이었다. 거기다 언니가 좋아하는 호피폴라라는 밴드의 무대도 있다고 해서 기대 중이었다.

아침에 공연장에 가져가면 좋을 물건들을 챙기는데, 가방이 금방 무거워졌다. 예상 플레이리스트를 들으며 올림픽공원으로 가는데, 평소 같으면 아주 먼 길이지만 그날은 거리 이런 것은 전혀 신경 쓰이지 않았다. 가는 길에 날씨가 일단 환상적이라 성공적인 하루가 될 예정이었다.

언니에게 연락하니 먼저 올림픽공원에 도착했다고 했다. 예매한 표를 발급받느라 줄을 서고 있던 언니를 만나 이런저런 얘기를 나누고 있는데, 마침 건너편에 아는 얼굴들이 보였다. 반가운 마음에 돌고래 소리로 인사했다. 오는 건 알았지만 '김 서방 찾기'처럼 못 만날 줄 알았더니, 운이 좋았다.

표를 받아 공연장 앞 잔디마당으로 갔다. 자리는 지정석으로만 운영했다. 코로나 거리두기 때문에 그렇다는데 우리 자리는 돗자리 구역이라 무대에서는 멀었다.

페스티벌에 가면 먼저 간단한 먹을거리를 돗자리 펴고 먹곤 했는데, 그날 공연에서는 오직 '푸드 존'이라고 지정된 구역 밖에서는 음료 외에 음식을 먹을 수 없었다. 우리는 간단하게 닭강정과 아이스 아메리카노로 요기했다. 코로나 거리두기 수칙을 지킨다고 테이블에 아크릴판이 세워져 있었다.

전에 돗자리에 둘러앉아 먹을 때는 소풍 같았는데, 아크릴판 하나로 조금 서먹해졌다. 그래도 뭐, 아쉬운 마음과 별개로 야외에서 먹는 음식은 맛있었다. 코로나 이전과는 다를 수밖에 없었지만, 이것도 즐기기 나름이지!

정오쯤 시작된 공연은 아티스트별로 30~40분 정도 배정된 공연 시간 동안 이뤄지는 방식이었다. 공연 가뭄이라 섭외된 가수는 모두 어느 정도 인지도 있는 아티스트였다. 보통 첫 순서는 덜 유명한 팀으로 배치되는데, 이날 공연에서는 그 첫 팀 가수마저 이미 인디 쪽에서 아주 인기가 많은 가수였다.

나는 티켓팅에 그다지 소질이 없지만 예이 언니는 언제나, 매번 성공하곤 했다. 언니 말론, 이런 티켓은 그래도 운이 좋게 잘 잡히지만 정작 언니의 최애 가수의 콘서트 티켓은 아슬아슬하게 잡거나 예매 대기를 해야 잡는다고 한다. 하지만 언니의 티켓팅 능력이 우리를 살렸다. 이날의 공연도!

호피폴라의 공연도 정말 최고였다. 선곡도 이런 야외 페스티벌에 어찌나 잘 맞게 꾸려왔는지. 엄청 팬은 아니지만 나도 이 밴드의 노래를 즐겨 들으니까, 막 따라 불렀다. 목소리는 마스크 밖으로 못 내니까 조용하게 흥얼거리면서. 대신 손뼉을 열심히 쳤다.

어쨌든 우리가 좋아하던 밴드의 공연이 눈앞에서 펼쳐지는 순간이 무척 황홀했다. 코로나고 뭐고 그 순간에는 생각도 안 나게.

다음으로 세 팀의 공연이 이어졌다. 다만 약간의 차질이 발생했다. 얼마나 연관성이 있는지는 증명되지 않았지만, 이게 아주 약간은 관련이 있는지도 모른다. 우리가 마지막으로 본 2019년 공연 날에 비가 왔는데, 그 이후 처음 본 공연이라 그런가, 맑고 파란 하늘에 하얗게 모이던 구름의 색이 곧 변하기 시작했다.

밴드 엔플라잉이 공연하고 있을 때였다. 처음엔 저녁 무렵이라 어두워지는 것으로만 생각했다. 심지어 노래 분위기와도 잘 어울렸다. 노래 중에 '옥탑방' 가사에 "저녁노을이 진 옥상에 걸터앉아"라는 부분이 있었기 때문이다.

하지만 그게 아니었다. 차츰 그게 비가 내릴 때 보이는 색으로 변했다. 우산을 쓰고 봐야 하나, 가져온 우비를 써야 하나, 고민이 되기 시작했다. 다음 순서는 밴드 데이브레이크. 그리고 비는 한순간에 쏟아졌다.

금방 그치겠지 싶어서 우리는 계속 공연을 보기 위해 우비를 썼다. 그리고 곧, 우비로 해결될 규모가 아니라는 것을 깨닫기 시작했다. 많이 기다린 공연이라 끝까지 보고 싶었지만, 별수 없었다. 철수.

'공연... 또 있겠지?' 하는 이야기들을 주고받으며 우리는 집으로 돌아와야 했다. 그 해에 야외 공연이 더 이상 열리지 않았지만.

일 년이 지나, 우리는 여전히 코로나와 함께 살고 있지만, 이제는 야외에서 마스크를 쓰지 않아도 되도록 방역 수칙이 바뀌었다.

페스티벌 공연도 하나둘 열리고 있다. 다만 예전에 비해 심각하게 (거의 무슨 1.5~2배) 비싸진 티켓을 보며 언니와 나는 탄식했다. 혀를 차며 예전에는 귀해질 거라곤 예상 못했고 푯값을 기꺼이 지불할 수 있었던 그 알찬 공연들에 관해 이야기했다.

올여름에도 공연을 예매하긴 했다. 무려 삼 일짜리 공연이다. 언니는 또 2분 만에 할인 티켓 구매에 성공했고 3분 만에 매진되었다는 그 얼리버드 티켓 3천 장 중 두 장을 얻는 데 성공했다.

이번 여름의 삼 일짜리 공연은 분명 재밌을 것이고 공연을 즐기는 우리는 행복할 것이다. 예감이 좋다. 로큰롤은 계속된다!

4. 야외 페스티벌 공연 불황기의 단비 체험기

5. 시 낭송하던 여름 어느 날 저녁

20210615

책장이 무제한으로 넓다면? 와, 진짜 사고 싶은 책 많은데! 그런 책장이라면 전집은 꼭 있어야 할 것 같은 로망이 있다.

한때 세계문학전집을 사 모으던 시절도 있었다. 고전을 어릴 때부터 청소년용부터 읽어서 좋아했기도 하지만 그 중 상당수는 민음사의 것이었다. (다만 이 글이 홍보를 위해 출판사명을 언급하는 것이 아니며, 현재는 다른 출판사를 더 선호함을 명시해 둔다).

당시 세계문학전집의 표지 디자인이 일러스트만 다르고 전체적인 디자인이 색까지 동일하게 나온 경우가 많았는데 민음사는 각 권의 색이 다 달랐다. 현재까지는 총 404권이 출간되어 있다(2022년 5월 기준). 여러 출판사의 세계문학전집 출판본 중에 특정 출판사의 것을 고른 것은 표지 디자인이 이유의 한 75퍼센트는 차지했던 것 같다.

이렇게 색색깔로 다른 책을 한곳에 모아 가지런히 진열해 둔 책장이라 볼 때마다 근사해 보이고, 그래서 더 모으던 것도 있었다. 그 책장이 있던 집에 더 이상 살지 않고 혼자만의 책장이 있는 나의 방은 '전집님'을 모시기에는 매우 누추하다.

그런 내게 몇 년 전에 구매 충동을 불러일으킨 전집이 또 생겼다. 문학동네 출판사에서 나온 문학동네 시인선 시리즈인데, 내 주 종목인 소설도 아니고, 시, 소설, 에세이 중에 가장 비(非)선호하는 시집을 무려 네 권이나 샀다.

이것 역시 표지 색이 구매에 한몫했고. 제목도 요즘 감성으로 트렌디하게 엮인 문장 형식이라 그런지 나처럼 관심을 가진 사람이 많은 덕에 이 전집 역시 169권까지 나와 있다(2022년 5월 기준).

그러나 여기서 맹점이었던 건 내가 시를 정말로 잘 안 읽는다는 것. 대략 구매한 문학동네 시인선의 표지는 각각 갈색, 연분홍색, 다홍색, 연녹색인데 사 두면 언젠가 읽겠지 싶은 책 중 하나가 될 뿐인가 싶었다.

다행히 작년 6월 이 친구들은 책장을 벗어날 수 있었다. 5월 말쯤이었나 문득 감수성이 풍부해진 날에 동네 소모임에서 시집을 읽는 모임을 만들어 보고 싶었다. 그리고 기왕이면 낭송을 하고 싶었다. 공원에서 벤치에 둘러앉아 시를 읽는다니, 꽤나 낭만적이지 않은가.

그렇게 원하는 시를 골라 와서 낭송하는 모임을 만들었고 아무도 신청하지 않으면 어쩌나 했는데 다행히 나 빼고 2명이나 신청했다. 둘러앉아 낭송할 시를 고르는 것은 생각보다 조금 까다로운 면이 있었다.

장소와 분위기에 어울릴 시를 고르고 싶었고 너무 어렵지 않은 내용이었으면 했다. 이날 내가 낭송하려고 세 권을 읽어서 고른 시는 박준 시인의 '당신의 이름을 지어다가 며칠은 먹었다'에 수록된 "지금은 우리가"와 "여름에 부르는 이름".

그리고 모임 당일. 사실 아침부터 걱정이 많이 되었다. 새벽에 괜한 이유로 잠이 깨서 피곤함이 가시지 않았는데 아마도 그날 악몽을 꾸었던 듯하다. 거기다 비까지 내렸다. 조금이라도 그 기분에서 벗어나기 위해 아직 개시하지 않았던 새 옷을 입고 집을 나섰다.

모임 시간 전에 모임 장소인 보라매 공원에 일찍 도착해 시간이 남은 나는 잠깐 산책을 했다. 다행히 비는 오후쯤 그치고 하늘이 개었다. 맑았던 하늘 때문인지 감성적이었던 시기라 그랬는지 6월 중순의 공원은 카메라 앱의 따뜻한 색감의 필터를

씌운 것 같이 보이기도 했다. 공원 한가운데 텅 빈 인조잔디 축구장이 여름이라 덥기도 더웠을 날이지만 눈에 보이는 것을 감상하느라 다른 것은 신경 쓰지 않게 되었다.

일곱 시 반. 우리 세 명은 보라매 공원의 숲속 벤치에 모였다. 사실 시를 낭송하는 것은 약간의 용기가 필요한 일이기에 인파로부터 살짝 벗어난 곳이어야 했다. 내가 열자고 해서 연 모임이었지만 나 자신도 누가 시 읽는 우리를 보고 조금 이상한 시선으로 볼까 봐 걱정되기는 했다. 시 낭송이든 뭐든 소리 내어 글을 읽는 활동을 모여서 하는 사람들이 많지 않은 요즘이다.

그래서 숲 그늘이 있는 곳의 벤치에 자리를 잡았다. 가장 바깥쪽은 아니고 바깥에서 하나 안쪽으로. 하지만 막상 낭송하는 순간은 꽤 편안한 시간이었다. 도란도란 운율을 느끼면서 시에 대한 생각을 나누면서.

우리가 낭송해본 시의 제목은 다음과 같았다.
- 지금은 우리가 (박준)
- 여름에 부르는 이름 (박준)
- 바다를 보면 기분이 좋습니다 (법륜스님)
- 나의 사인은 너와 같았으면 한다 (박준)
- 자화상 (윤동주)

시를 낭송하면서 우리는 제법 공통으로 여름에 잘 어울리는 시를 가져왔다고 입을 모았다. 여름의 잔상과 함께 그려지는 감정을 노래하는 시도 있었고, 여름밤에 어울릴 것 같은 시도 있었으며, 그날 날씨에 잘 맞는 분위기의 시도 있었기 때문이었다.

시를 낭송한 후엔 피자를 찾아 나섰다. 지도를 보다 우연히 발견한 곳인데 전혀 피자가 없을 것 같은 길목에 홀로 근사하게 차려진 식당이었다. 나는 그날 모인 분들을 각각 다른 모임에서 만난 적이 있지만 다른 분들은 서로 처음 보는 사이였다. 그런 경우 어색하니 서로 메뉴 고르는 것을 미루다가 한참이 걸리는 경우도 있는데, 우리는 그런 사람이 없었다.

메뉴는 피자가 세 종류뿐이라 고르기 쉬웠다. 페퍼로니 피자와 블루베리 스테이크 피자, 이렇게 두 종류를 시켜 나눠 먹었다. 낭송한 시 얘기, 피자 얘기, 앞으로 해보고 싶은 활동 얘기를 하다 보니 조금은 서로에 대해 알게 된 것 같았다.

여름이 오면서인지 작년에 시를 낭송하던 날이 떠올랐다. 하지만 작년 시 낭송 모임 후로 다시 모임을 열어 보고 싶었지만 희망하는 회원이 나를 제외하고는 좀처럼 없었다. 지금 보니 그날 함께 시를 읊던 회원 두 명 다 연애를 하느라 바쁘거나 이사를 가면서 이 모임에 속하지 않았다. 그리고 나도 더 이상 시를 찾으려 하지 않았다. 낭만은 좀 부족해진 탓인가 보다.

5. 시 낭송하던 여름 어느 날 저녁

6.말을 잘하고 싶다

20220302

일요일 아침마다 나는 온라인으로 진행되는 영어 회화 스터디에 참여하고 있다. 지난주에 나온 주제는 대화를 잘하는 방법이었다. 대화를 이끌던 H가 물었다. 내가 '말하는 사람'인지, '듣는 사람'인지.

이제까지 나는 주로 듣는 사람이었다. 친한 친구와 있을 때는 말을 더 하게 되지만 그렇지 않고서야 나는 주로 듣는 쪽이 익숙하다. 그래서 내가 대화에 참여하지 않는 것을 본다면 나에 대해 소극적이고 조용한 사람으로 오해하는 일도 있었다.

요즘은 말을 잘하고 싶어졌다. 일단 사회적 시선 때문에 그렇다. 나는 올해 한국 나이로 서른한 살이다. 적은 나이는 아니라 말이 어설프면 얕보이거나 기회를 잃게 되기 마련이다. 어른이라고 다 말을 잘하는 것은 아니지만. 이걸 가장 최근 느낀 건 이직 준비를 하면서였다.

이건 꼭 나이 때문이라고 할 수만은 없지만, 어느 정도 경력이 있는 서른이 넘은 경력직 일자리 구직자는 면접에서 자신에 대한 어필을 분명히 할 필요가 있었다. 나 역시 경력직을 주로 지원하였기 때문에 면접이 있을 때마다 자신에게 나는 경력이 있는 사람이며 자신감 있게 말해야 한다는 주문을 매번 걸곤 했다.

내 얘기를 정리된 톤으로 분명하고 진솔하게 말하는 것은 어려웠다. 거듭된 면접으로 레퍼토리가 생겨 이건 꽤 연습이 되었고, 이직도 성공했다만 사실 아직 그렇게 말에 자신이 있지는 않다.

그런데도 말을 잘해야 하는 역할을 맡아 버렸다. 현재 나는 동네 취미생활 소모임에서 모임장이다. 처음부터 모임장을 맡은 건 아니고 전 모임장인 J가 나에게 이 자리를 주고 떠났다.

그녀의 부탁으로 맡게 된 자리라 사실 내가 이 일을 잘할 수 있을지도 모르는데 덜컥 맡았다. J에게 가장 부러운 점이 있다면 대화를 부드럽게 잘 이끄는 능력이다. MC처럼 인터뷰이의 이야기를 잘 듣고 적절한 질문으로 다음 주제로 이어져서, 그녀와 얘기하다 보면 원래 하지 않으려 했던 얘기까지 하게 된다.

오랜만에 만난 이날도 커피나 한잔하려고 만났다. 새로 생긴 카페는 세련된 분위기로 주택가에 자리 잡은 곳이었다. 전체적으로 흰색이었으며 정돈된 주방에 아기자기한 소품과 디저트가 있었다. 카페 한쪽 벽에는 레코드판과 LP 플레이어가 있었다. J가 요즘 여기 자주 와서 공부하곤 한다길래 같이 하자고 만난 거였다.

이날은 회사 얘기나 얼마 전 면접 본 얘기 같은 건 별로 하고 싶지 않았다. 겨울이 지나 봄이 되었으니 등산 갔다가 맛있는 것이나 먹고 오자는 그런 가벼운 얘기만 하고 싶었다. 결국엔 내 얘기를 잘 들어주는 그녀에게 나도 일상 얘기를 하다 보니 이런저런 말들을 다 하고 왔다.

그런 그녀의 대화 능력에 감탄하기만 하던 내가 지금은 모임장을 맡고 있다. 나는 새로운 회원과의 대화에서 먼저 인공지능은 아니지만 그들의 관심사와 일치하는 얘기를 하려 했다. 그래서 오히려 아직 갈 길이 멀다. 내가 관심 없는 주제에서는 늘 막힌다.

관심 없는 주제에서도 말을 잘하려면 어떻게 해야 하나. 생각할수록 머릿속이 복잡해지고 말수가 적어진다. 그리고, 대화가 끊긴다. 이건 꼭 모임 활동이 아닌 개인적인 영역에서도 고민하던 거다. 예를 들어 소개팅이라든가. 아직 친하지 않은 누군가와 친해지는 과정에서 대화하는 것이 너무 어렵다.

대화가 잘 통하는 상대를 만나는 것은 대화해보지 않고서는 모르는 일이다. 다만 상대의 첫인상이 마음에 들든 마음에 들지 않든 대화는 즐거웠으면 하는 바람은 있다. 원래 나는 빈말을 하는 데 재주가 없는 사람이다. "오늘 대화 즐거웠어요"는 굉장히 겉치레 같은 말이지만 어느 정도는 대화가 즐거워야 할 수 있을 말이지 않은가. 요리할 때 이것 하나만 있으면 된다는 '만능 양념장'처럼 필승 비법이 있다면 알고 싶다.

말을 잘하고 싶은 가장 큰 이유는 이것이다. 상대와 나 사이의 다섯 걸음쯤 되는 거리를 서너 걸음으로 좁히고 싶은 마음이다. 친한 사이에서마저도, 아무리 친하다 해도 하고자 하는 말을 다 하지 못하곤 한다. 나중에 돌아서서 혼자 되뇌는 일도 많다.

어쩌면 정말 소극적이라 말을 잘하지 못하고 있었던 게 맞는 것 같다는 생각도 든다. 그렇다면 어차피 연습이라고 생각하고 용기를 내야겠다. 면접 연습할 때처럼 여러 번 말하다 보면 말을 잘하는 능력도 생기지 않을까.

한여름의 활자들

7.어느 평일 휴일을 혼자 보내는 마음가짐이란

20220523

06:00 AM

"일어나세요, 지금 아침 해가 밝았-..."

06:30 AM

"일어나세요, 지금 아침 해가 밝았구요 그리고 더 이상 침대에 있으면 안 됩니-,…"

(참고로 이것은 실제 내 폰에서 울리는 알람 소리다.)

일련의 아침 충고 시간. 너무 평소처럼 일어나지 않아도 되는데 알람을 따로 바꾸지 않았더니 다른 날이랑 똑같이 울렸고, 한 번 깼더니 잠은 더 안 왔다.

'오늘… 월요일… 회의 있는 날인데… 아 근데 오늘 휴무지… 좀 더 잘까.'

일단 유튜브로 어제 자기 전에 틀어서 잠결에 보던 영상이 뭐가 있었나 한 번 봤다. 아이돌 가수의 춤 연습 영상이었던 것 같은데, 기억이 잘 나지 않는 것을 보니 잠결도 아니고 자다가 손가락이 움직여서 눈꺼풀이 영상을 본 것인가 싶다.

　오늘 하려고 생각했던 활동이 떠올랐다. 전시도 봐야 하고, 카페도 가려고 했고, 글도 써야 하니까 한··· 세 가지쯤···?

　첫 번째가 모 브랜드의 쇼룸에서 하는 전시를 감상하는 것이었다. 지도 앱으로 가는 경로를 검색해보니 1시간이 넘게 걸렸다. 왜 이렇게 오래 걸리나 봤더니 웬걸, 신당역 주변이었다. 중구라고 해서 나는 나에게 가까운 서울역과 숭례문 근처를 떠올렸는데, 중구가 넓네.

　그렇다고 하루의 일정을 아침부터 꽉 채울 생각은 없었다. 다만 문제는 그전에 그 근처 추천받은 카페에서 커피라도 한 잔한다거나 하려면 당장 준비해서 나가야 했다. 전시 장소에서 30분쯤 걸린다고 나왔으니까. 좀 무리한 일정이라는 생각이 들었다. 어차피 오늘 누구 만날 것도 아니고 혼자 보낼 건데.

　나는 평소에 쉬는 날 사람들과 함께 시간을 보내는 편이다. 때로 연차를 내고 친한 지인의 점심시간에 회사 앞으로 찾아가기도 한다. 하지만, 오늘은 혼자 보내기로 마음먹었다.

　혼자인 휴일을 보내기에 앞서, 일단 매일 아침의 습관부터 실천했다. 따뜻한 차 마시기. 어딘가 텔레비전에서 봤는데, 연예인들은 아침에 샵에서 녹차를 마셔서 밤새 몸에 쌓인 부기를 제

거한다고 한다. 그걸 본 후로 매일 이렇게 차를 마시려고 하고 있다.

외출 준비를 하다 보니 시간이 훌쩍 지나 있었다. 왜 휴일은 항상 무언가 하지 않아도 빠르게 지나가는 건지. 일단 평소에 챙기던 책이니, 물티슈니 이런 것들을 가방에서 덜어냈다.

일정을 마치고 집에 돌아왔을 때는 오후 3시 반이었다. 창 옆의 탁자 앞 의자에 앉아 있자니 한편으로 체력 소진으로 너무 힘들다는 생각이 가득했다. 무리하지 않기로 한 아침은 다짐은 어디로 간 건지.

평소에도 주말에 몸을 바쁘게 움직이는 편이라 친구들은 내게 부지런하다고 한다. 정말 하고 싶은 게 많아서 그렇기도 하고 가만히 있으면 어색하다. 무리하지 않으면서 나를 즐겁게 하는 것, 적당히 움직이고 적당히 쉬는 것은 어떻게 하면 잘하는 것일까.

저녁이나 먹자, 하고 간단한 면 요리를 해서 앉았다. 탁자 위로 늦은 오후의 색을 담은 빛이 비치고 있었다. 칠교 조각 같은 주황빛이 접시와 탁자를 조금씩 골고루 비추고 있었다. 창밖의 노을과 다르게 '내 탁자' 위에 만들어진 '내 노을'을 볼 수 있어서 생일도 아니지만 특별해진 기분이었다.

해를 거듭하며 나만의 것이 무엇인지를 자꾸 생각하게 된다. 매 순간이 특별할 수는 없지만 나에게 맞는 것을 알아가고 순간을 붙잡는 것(seizing the day)이 이롭다는 것을 알아간다.

내가 좋아하는 노을을 담으며 하루를 돌아보니 나를 위한 것들로 채워져 있었다. 녹차와 전시, 카페, 노을.

7.어느 평일 휴일을 혼자 보내는 마음가짐이란

작가의 말

이번 글방 프로젝트는 자발적이고 정규적인 글쓰기를 위해 참여했습니다.

공동출판이라 부담도 적었고 다른 분들과 함께 해서 재밌기도 했습니다. 에피소드 부자들이라 다음에 다른 프로젝트도 같이 해보고 싶고요. 모두 고생 많으셨습니다!

이번 기회를 통해 보다 성실하게 쓰는 사람이 되고 싶습니다. 게으르지만 글을 쓰며 저의 마음에 전보다 부지런하게 집중하게 되었고, 일상의 좋았던 순간을 적당한 언어로 오래 간직하고 싶어 졌습니다.

만약 저처럼 기록하고 싶은 순간이 있다면 독자분들께도 글쓰기를 권합니다.

제4장

감수성의 역사

SWAN

SWAN

어쩌다 한국에서 태어나, 습관적으로 유랑하고, 버릇처럼 방랑하며, 취는 겉돌기인 자유인. 배우는 것을 좋아하고 새로운 것을 항상 찾아 나서는 사람. 순간과 이야기를 수집하는데 열심이고, 먹고 노는 것, 친구와 함께하는 시간을 사랑하는 지독한 경험주의자. 아직도 하고 싶은 것, 가보고 싶은 곳, 만나고 싶은 사람들이 많은, 늙기 싫은 나이만 어른. 틀에 박힌 것 전형적인 것에 본능적으로 심한 거부감을 가지고 있는 사람. 디지털과 속도 중독의 세상에서 살지만, 삶의 속도가 매우 느린 아날로그형 인간. 유연성과 확장성을 실천하고 사는 것이 인생의 목표인, 의미 추구에 매우 진심인 의미 중독자. 나와 타인의 마음에 관심이 많고, 모두의 마음이 안녕하길 바라는, 마음을 위로하는 것에 애쓰고 살고 싶은 마음과 이야기를 듣는 사람.

목 차

초기_연결

외할머니와 복숭아

외할머니는 매우 예민하신 분 이셨다. 빨래도 늘 두 번, 설거지도 늘 두 번. 당신이 만족스러울 때까지, 물건들이 자신만의 청결의 기준에 맞춰질 때까지, 그렇게 깨끗함을 유지해야 마음이 편해지셨던 분 이셨다. 집안 청소도 구석구석, 먼지 한 톨 없이. 그래서 그런지 드시는 음식도 매우 까다로운 선택을 거쳐야하는, 흔히 이야기하는 '입이 짧은' 분이셨다. 사실 외할머니는 짧으신 정도가 아니라 가끔은 정말 간신히 생명 유지를 할 만큼만의 아주 적은 양의 음식을 드시곤 하셨다. 그런 외할머니는 싫어하시는 음식이 매우 많으셨었고, 당연한 것일 지도 모르겠지만, 못 드시는 음식도 많았었다. 그 중에서도 백도는 할머니에겐 최악의 과일이었다. 쳐다보기만 해도 금세 피부에 발진 같은 것이 올라왔으니 할머니에게 백도는 세상 해로운, 멀리 두어야만 하는 과일이었을 것이다. 세상에 존재하는 참으로 다양한 알레르기들 중, 할머니는 백도 껍질의 그 보송보송한 털에 대한 알레르기가 있으셨다.

생각해 보면 어린 시절의 나는 그런 할머니의 모습이, 늘 열심히 쓸고 닦고 씻고 또 씻는 모습이 모든 할머니들의 모습인 줄만 알았다. 가까이에서 함께 지내면서 들여다본 할머니의 생활 모습이란 것은, 우리 외할머니가 전부였으니. 더군다나 나를 어렵게 하거나 불편하게 만드는 것도 아니었으니 더더욱 그 이유에 대해 생각해 볼 필요도 없었던 것 같다. 가끔 할머니와의 외출 시간에 겪은 갸우뚱의 순간만이 우리 할머니는 다른 사람들과 조금 다를 수도 있겠다는 약간의 의심이 들었던 것 말고는. 그래도 할머니와의 외출 시간은 늘 즐거웠기 때문에 아마도 크게 이상한 점이라고 기억에 남은 것이 없는 것 같다. 나는 그저 그 시간이 기다려지고 좋았으니까.

할머니의 복숭아 알레르기는 아주 시간이 많이 흘러 내가 성인이 되고 난 이후에서야 엄마를 통해 들을 수 있었다. 그리고 나도 어느 순간부터 이유는 알 수 없지만, 백도 보다는 다른 종류의 복숭아를 즐겨 먹고 있는 것이 떠올랐다. 언제부턴가 껍질을 벗기는 일도 너무 귀찮고 싫어서 멀리하게 된 과일. 다른 종류의 더 맛있는 복숭아들이 나타난 것도 그 이유 중 하나가 될 수도 있겠지만, 딱히 그 맛이 싫은 것도 아닌데, 누군가가 깎아서 권유한다면 아마 마다하지도 않을 과일. 하지만 굳이 내가 사다 먹지는 않게 된 과일, 백도.

가끔 나는 종잡을 수 없는 내 입맛 덕분에, 나에 대해 생각해 본 적들이 있었다. 과연 나의 식성과 입맛은 어디로부터 왔고 누구를 닮은 것일까 궁금했다. 영문도 모른 채 못 먹는 음식들이 꽤 있었고, 엄마나 아빠나 남동생과 비교해 보았을 때,

나의 식성과 입맛은 분명 아주 이질적인 부분이 있었다 어릴 때부터. 그 점이 어쩔 땐 가족내에서 소외감을 느끼게도, 구박 아닌 구박을 받게도 했으며 유별난 아이 취급을 받게도 하였다. 그 때마다 이유를 모르겠으니 설명은 못하겠는데 뭔가 서럽고 외로운 기분이 들어 속상했던 적이 많았었다. 하지만 할머니의 복숭아 알레르기라는 단어를 듣고 비슷한 내 모습이 스쳐지나가면서 내 안의 어떤 응어리 같은 것이 풀리는 기분이었다. 외할머니와 나는 많은 부분에서 닮아있었다. 식성부터 가족안에서 다른 가족 구성원들로부터 받는 시선의 결까지. 아주 오랜 시간을 단 둘이 지냈었던 것도 아닌데 우리는 참 닮아있었다. 아마도 우리 둘 만이 이해할 수 있었던 무언가들도 아주 많았을 것이다. 다른 사람들은 이해하지 못할.

감수성에도 역사가 있어서, 최초에 경험한 그것이 이후의 경험에 영향을 미치고 그것들이 모이고 모여 현재의 내가 된다는 아주 멋진 문장을 책에서 읽은 적이 있다. 감수성이 어떤 자극을 받아들여 느끼는 성질이나 성향이라는 점을 생각해 볼 때, 나의 음식에 대한 감수성의 역사는 그 시작이 외할머니였음이 자명해 보인다. 엄마도 아빠도 아닌. 그리고 음식 외에 다른 종류의 자극에 대해서도 아마 외할머니로부터 시작되었던 것들이 꽤나 있을 것 같다. 도드라지게 드러나지 않아 계속해서 알아보아야 하겠지만.

짧게 돌아본 나의 음식에 대한 감수성의 역사 탐방을 마무리하면서, 내게 의미 있었고 가장 신뢰했던 존재였던 할머니에 대한 기억과 추억을 다시금 떠올려 본다. 나의 역사에 남기고 싶었던 경험의 대상, 우리 할머니. 다행히도 나의 청결에 대한 감수성은 외할머니를 닮지 않았다. 외할머니도 자신의 청결의 감수성을 누군가와의 경험을 통하여 쓰셨을 것이다. 그 대상이 누구였는지는 지금 물어볼 순 없지만, 조금은 덜 빡빡한 기준을 가진 분이셨다면 우리 할머니도 조금은 덜 피곤 하셨을까 라는 생각을 해본다. 그렇지만 나 또한 그랬듯이 선택엔 이유가 있을 것이고, 그 역사의 주인은 할머니이니까 안타까운 마음은 그저 접어두는 걸로. 복숭아가 제철인 요즘. 그리운 외할머니와의 추억과 나의 음식 감수성의 역사를 더듬어 보면서.

중기_의미를 찾아서

불편 사용설명서

푹푹 찌던 어느 더운 여름 날. 아직 거리상으론 몇 발자국 남은 건널목 신호등의 신호가 초록색으로 바뀌었다. 무슨 이유였는지 그날의 나는 평소와 다르게 서두르고 말았고, 예측하지 못했던 일이 벌어졌다. 아마도 찜통 더위 때문에 빨리 집에 가고 싶은 마음이 불러왔을 선택. 뛰어보려 힘차게 내딛은 다리는 그만 다른 쪽 바지에 걸려버렸고 내 몸은 붕 떠올라 그대로 무릎으로 길바닥에 착지를 해버렸다. 치마처럼 통이 넓고 다소 길이가 길었던 바지가 모든 사건의 발단이었다. 뛰어보려고 더 힘차게 다리를 뻗었으니, 더 큰 힘으로 넘어져버린 상황. 생각보다 너무 아파 소리도 내지 못하고 엎드리다시피 주저앉아 있던 내게 어떤 낯선 여자분의 "괜찮으세요"라는 매우 걱정스러운 마음이 담긴 목소리가 들려왔고, 그 순간 정신이 퍼뜩 들어 나는 일어날 수 있었다. 반쯤은 나간 듯한 정신에 두 무릎을 확인해보니, 한쪽 바짓단은 찢어져서 너덜, 두 무릎엔 구멍이 뻥뻥. 지나가는 사람들의 시선 따위는 안중에도 없을 만큼 고통은 심했지만, 바뀐 신호에 그래도 조금은 옷 매무새를 가다듬고 일단 걸음을 옮겼다. 이내 뜨거운 액체가 무릎을 타고 흘러내리는 느낌이 들었고 빨리 집에 도착하고 싶은 마음만이 간절했다. 그 와중에도 점차 길에서 마주치는 행인들이 눈에 들어왔고, 나를 이상하게 보지는 않을지 생각하며 나름 최대한 자연스러운 모습으로 걸어보려 애썼다. 이 모습이 어찌나 웃프던지.

상처의 상태는 생각보다 심했고 병원 치료를 받아야 하는 신세가 되었다. 다행히 뼈에는 이상이 없었으나 찢어진 피부 탓에 움직임이 제한되어 일상 생활이 여간 불편해진 것이 아니었다. 아주 기본적인 행동인 앉거나 일어서는 것에서부터 불편감을 느꼈고, 더 천천히, 더 조심스럽게 움직일 수밖에 없었다. 사람이 많은 곳에서는 나와 상대방의 동선을 생각해야 했고 부딪히지 않으려 애써야 했다. 이전엔 고려해본 적이 거의 없었던 것들. 움직임에 제약이 없었을 그 때의 나는, 지금의 이런 나처럼 느리게 움직이거나 진행에 방해가 되는 누군가에게 짜증을 내거나 안 좋은 마음을 품었던 적도 있었을 것이다. 하지만 이런 불편감을 가진 입장에 처해보니 비로소 보이는 것들이 있었다. 가끔 길에서 사람들이 요즘 내게 그런 반응을 보이는 것 볼 때면 짜증도 나지만 이내 이전의 내 모습이 떠올라 반성이 되기도 했다.

사실 이렇게 이동이 불편해지는 신체의 상해를 입은 것이 처음은 아니다. 발목 인대가 찢어진 경험도 있었고, 발가락이 골절된 적도 있었다. 하지만 그 땐 아예 대중교통이나 외출이 불가능했기 때문에 이번만큼 다각도로 느끼는 점이 많지 않았다. 혼자서 어려움과 씨름하다 속상한 마음이 드는 정도였을 뿐, 사람들 사이에서 겪는 불편감을 겪지 않아도 됐었기 때문일지도 모르겠다. 그래서 지금 겪게 된 이 적당한 불편감은, 정말 불편하고 싫은 점이 있긴 하지만, 한편으론 불편의 용도와 기능을 생각해 볼 수 있는 좋은 기회가 되었다.

길을 걸을 때 사람들은 보통 앞을 보고 걷는다고 생각하지만 대부분 그렇지 않다. 핸드폰을 보거나, 앞을 보긴 하지만 자신이 향할 목적지만을 보기 때문에 바로 앞의 사람은 잘 보지 않는다. 또 많은 이들이 귀에 무선 이어폰을 꽂은 채 걷기 때문에 옆 사람과의 거리 조절을 할 수 없다. 옆 사람이 내는 소리가 들리지 않으니 거리가 가늠이 안 되는 것이다. 기척조차도 느낄 수 없다. 오로지 나에게 집중하고 나에게 몰두 되어 있는 모습이다. 게다가 분명 일반적이지 않게, 조금은 다르게 걷는 것 같은 나 같은 사람의 모습을 보면서도, 아주 도드라지게 목발을 사용하거나 휠체어를 타는 정도가 아니라면, 아 저 사람은 어디가 불편한가보다 라는 생각을 한다 거나 잠시 시선을 주는 정도의 시간을 할애하지도 않는다. 물론 모두가 이렇지는 않다. 비약이 있을 수도 있겠지만, 요 근래 내가 경험한 대부분의 사람들은 이런 모습이었다. 잠시 비자발적인 불편을 장착하게 된 나의 입장에서 본 그들은 그랬다. 뭔가 굉장히 목표 지향적이고 효율적이 되려 열심인 것만 같은.

천천히 움직여야 하고 장애물이 될 만한 것들이 있는지 주변을 신경 써서 보다 보니 보이는 것이 많았다. 지하철 역사에 위치한 민원 처리 기기, ATM, 즉석 사진기, 핸드폰 충전 부스, 제세동기, 에스컬레이터와 엘리베이터의 위치까지. 한 가운데에서 움직이기 보다는 가장자리에서 이동을 하다 보니 전체적인 상황을 볼 수도 있었다. 나와 비슷하게 가장자리에서 무엇을 의지해 이동하는 사람들을 한번 더 돌아보게 되기도 하고, 보호 기구들을 장착한 사람들이 먼저 눈에 들어오기도 했다. 어쩌면 이전의 불편을 사용할 일이 없었던 나로서는 그저 스쳐지나는 풍경들과 사람들에 불과했을지도 모를 것들. 목적지에 가는 것이 그저 목적이었던. 물론 이동시간이 길어지고 제한이 생기면서 활동 반경이 줄어들기는 하였다. 이전이면 어렵지 않았을 방문이 다음으로 미뤄지는 일이 생기기도 하였다. 하지만 그만큼 늘어난 시간에 빈 공간이 많이 생기지는 않았다. 이전에는 채우려고 생각해보지 않았을 것들이 채워지고, 아주 다른 영역으로의 경험이 확장되기도 했기 때문이다.

불편은 늘 없애고 있어서는 안되는, 있으면 큰일이라도 날 무엇이 아니다. 하지만 지금 사회와 문화와 많은 이들의 모습을 관찰해보면, 이전의 나도 어느 정도 그랬겠지만, 마치 당장에 없어지지 않으면 안되는 것 인양, 그렇게 불편을 취급하며 살아가는 것 같다. 빠르고 효과적이고 효율적이어야만 하는 그런 세계에서의 불편은 그런 것이겠지만, 세상은 사실 그런 면만 있는 곳이 아니고 그런 세계라면 아마도 매우 척박하고 삭막한, 살아가기에 팍팍한 곳 일 것이다. 용납이나 여유라는 것이 거의 없을 테니. 불편은 사각지대의 있을 법한 어떤 것을 향한 시선을 일깨운다. 있지만 잘 보지 못하는. 때론 보지 않으려 하는. 하지만 반드시 챙겨야하는 그것들을 향한 관심을 불러 일으킬 수 있는 것이 불편이다. 함께 사는 세상을 만들기 위해 필요한 것이 이 불편이다. '우리'라는 가치를 이루기 위해선 올바른 방향성을 가지고 잘 사용된 이 '불편'이 필요하다.

'말'

 푸른 초원을 달리는 그 말 말고, 우리가 매일매일 읽고 듣고 말하고 살고 있는 그 '말'에 대한 짧은 단상들.

 며칠 전 아직도 낫지 않고 있는 무릎의 상처를 소독 받기 위해 병원을 찾았다. 정형외과 병원이다 보니 심심찮게 휠체어를 타신 분들 깁스를 하신 분들 붕대를 감고 보호대를 착용하셨거나 목발을 짚으시는 분들을 뵌다. 너무도 멀쩡해 보이는 모습으로 대기실에 앉아 진료를 기다리면서 문득 어쩌면 지금 여기에서 내가 제일 덜 아픈 사람이 아닐까 싶은 생각이 들었다. 물론 가끔 나보다도 더 멀쩡해 보이는 분들이 보긴 하지만. 익숙한 진료실 익숙한 선생님 익숙한 간호사님과 그래도 나아지고 있는 상처에 대한 익숙한 대화를 하던 중 다급해 보이는 환자분이 나타나셔서 잠시 함께 진료실을 쓰게 되었다. 협착증이 어쩌고, 그래서 당장 수술이 어쩌고. 그러던 중에 급하게 화상을 입은 환자분도 나타나셨다. 너무 아프니 진통제를 놓아주겠다고 어쩌고. 너무 간단히 처치만 하면 되는 내 상처가 매우 초라해 보이는 듯한 느낌. 폭풍 같았던 응급한 환자분들의 방문이 끝나고 저마다의 치료실로 떠난 뒤 드디어 내 차례가 왔다. 그저 소독하고 새로운 반창고를 붙이면 되는 그 짧은 찰나 참지 못하고 간호사님께 속닥거렸다. '제가 여기서 제일 안 아픈 환자인 것 같아요'. 어떤 대답이 돌아올지 사실 별 생각도 없었고 그저 웃고 지나갈 수도 있겠지 생각했는데, 그 분은 이렇게 얘기해 주셨다. '작은 상처가 원래 더 아파요~종이에 베인 게 젤 아픈 걸요'. 아주 짧은 순간이었지만, 그래 말은 이렇게 쓰라고 만들어진 걸 지도 몰라 라는 생각이 들었다.

10 하고도 3년 전 이맘때쯤, 나는 태국 치앙마이의 어느 산골 마을 라오스 난민인 까렌족이 살고 있는 마을에 있었다. 이런저런 연유로 몇 명의 한국 사람들과 함께 잠시 마을의 상황을 도우려 해발 1300미터에 가까운 그 곳에 일주일 정도 머물렀었다. 도착해서 짐을 푼 숙소와 근거리의 집들을 둘러보면서 생각보다 더 열악한 환경에 한숨부터 푹 나왔지만 너무도 선한 얼굴의 마을 사람들과 그들의 반가운 인사에 힘든 마음이 조금은 풀리는 듯했다. 하지만 문제는 소통을 위한 언어가 전무했다는 것. 태국 말 조금과 라오스 말을 쓰는 마을 대표님과 함께 처리할 일들에 대해 논의를 해야 하는데 나를 포함한 한국인 모두가 태국 말도 라오스 말도 모르는 그야말로 외국인들이었던 것이다. 그래도 영어로 조금은 소통이 가능하겠지 안일하게 생각한 우리의 잘못이기도 했다. 그리하여 매우 창의적인 머리를 총 동원하여 우리는 마을의 대표분과 몸짓 대화를 시작했다. 다행히 이심전심이 통하였는지 지내는 일주일 내내 큰 무리 없이 소통을 하였고, 우리가 해야 할 일들을 마칠 수 있었다. 떠나기 전날

쯤 되니 이제는 몸짓 언어를 나름 즐기고 있는 우리들이기도 하였다. 그리고 마침내 약속했던 기간이 지나고 산을 내려가야 하는 마지막 날 아침. 이제 좀 쉴 수 있겠다는 마음에 조금은 들떠 있었기도, 나름 그 사이 정들어버린 동네 사람들과의 이별에 아쉬운 마음이 들기도 한 순간. 일주일을 함께 고생한 마을의 대표분이 두툼한 책을 들고선 나타났다. 우리에게 모여보라는 듯이 손짓을 하더니 그 두툼한 책을 내밀었다. 이미 몇몇 페이지를 접어서 들고 온 상태였는데, 우리를 천천히 바라보고선 이윽고 한 페이지를 열었다. 태국어-영어 사전이었다. 우리가 영어는 할 수 있다는 사실을 알고 있었기에 선택한 방법이었을 것. 그리고 본인은 태국어를 조금 할 줄 알았기에. 페이지를 열고 그 분은 한 단어를 손가락으로 가리켰다. '언제'. 그리고 접어놓았던 다른 페이지를 열어 다음 단어를 가리켰다. '오다'. 이미 우리들은 다음 단어를 알 듯한 마음에 조금은 눈시울이 따뜻해지는 것을 느끼면서 다음 단어를 기다렸다. '다시'. 세개의 단어가 주는 울림은 생각보다 매우 컸다. 분명 접어서 들고 온 사전과, 그 단어를 가리키던 손가락과, 해맑은 웃음의 얼굴이 더해져서 더 큰 울림을 주었을. 단어가 그 생김새보다 더 크고 깊은 것들을 담을 수 있는 매우 큰 것이구나 생각했다.

무엇이든 물어보세요

반듯한 자세. 각 잡힌 노트 필기. 잠시 듣게 된 드로잉 수업에서 만난 옆자리 선생님은, 수업에서의 모습과는 반전인 모습의 소유자이셨다. 아직 그리 친하지 않은 사이임에도 내게 차 한잔의 시간을 내어줄 것을 물어보셨는데, 질문을 받는 순간 마주친 그 분의 모습은 어쩐지 즐거운 시간을 함께 할 수 있을 것 같다는 기대감을 품게 하는 모습이었다. 그리고 보란 듯 내 예상은 맞아 떨어졌다. 잘 모르던 사이였던 것 치고는 꽤 긴 대화의 시간을 가졌고 상대방을 배려해주는 모습과 편안히 이어진 대화의 흐름이 친근감을 장착한 매우 호의적인 느낌의 낯선 타인이었다.

어렵지 않게 장소를 찾고 주문을 한 뒤 음료를 받고 매우 자연스러운 인증샷 시간까지 마친 후, 으레 이어지리라 생각된 자기 소개의 순서가 돌아왔다. 통성명이라는 것이 문화마다 조금씩 다 달라서 (나름 이런저런 문화를 좀 겪어보고 나서 보니 보이는) 한국인인 그리고 얼추 예상되는 나이에서 나올 법한 정보들을 기다리고 있었던 나였다. 하지만 예상과는 다르게 전개되는 자신에 대한 소개 내용을 듣고 나서는 선입견을 가졌던 내가 살짝 부끄러워졌다. 그래도 아직 낯설게 느껴지는 게 맞는 타인이라는 생각도 들었지만. 소개의 내용상 전형적인 타입은 아니신 분이라, 매우 비전형적이라 소개에 애를 먹는 나에게는 다행이라는 생각이 들기도 한 타인이었다.

그렇게 시작된 대화는 짧지만 집약적으로 살아온 삶에 대해, 근래에 겪은 삶에서의 어려움에 대해, 고민하고 생각하고 있던 주제들에 대해 이야기하는 시간이 되었다. 가볍게 인사를 나누던 사이, 짧은 대화만을 나누었던 사이였던 타인에게 과연 나눌 수 있는 것일까 싶은 이야기들까지도 나누어진 매우 진지하고 솔직한 대화의 시간이었다. 껄끄러울 수도 있는 타인에게 보여준 부드럽고 수용적인 태도가 이 모든 것을 가능케 한 것 같았다. 대학에 근무하시는 분이시다 보니 젊은이들과 소통하고 많은 사람들을 상대하면서 길러진 능력일 수도 있겠으나, 어찌되었든 그 능력이 개인의 성향과 성격에도 좋은 영향을 끼치고 있음은 틀림이 없는 사실이었다. 좋은 사람 나쁜 사람 구분을 짓는 그런 혐오스러운 이분법적인 기준을 적용하지 않고도, 충분히 괜찮은 사람이라는 생각이 드는, 낯섦을 친근감으로 바꾸는. 이제는 나에게 그 분은 아는 사람이었다.

관계에 치이고, 미숙한 모습의 사람들을 만나 고생했던 기억들이 스쳐지나 가면서, 실로 오랜만에 느낀 이 편안한 대화의 시간들을 알맹이들로 정리하고 남기고 싶었다. 도대체 어떤 요인들이 작용을 했길래 나름 낯설었던 타인이 친근감을 느낄 수 있는 아는 사람으로 변하게 되었을까 궁금했다. 부드럽고 나긋나긋한 태도나 말투 때문일까. 아마도 그것이 전부는 아닌 것이 확실한데 그 외에 어떤 점들이 있을까 수식을 풀 듯 집중했다. 그리고 어느 순간. 번쩍하고 떠오른 한가지. 질문. 바로 질문이었다. 낯선 타인에서 아는 사람이 된 옆자리 선생님이 보여주신 의미 있는 모습은 바로. 스스럼없이 질문을 하고, 편하게 질문을 받는 모습. 본인은 질문하는 것에 대한 어려움을 토로하기도 하셨지만, 납득은 잘 가지 않았던 점.

관계를 비비 꼬거나 지치게 했던 사람들을 떠올려보면, 그들은 질문을 하지 않았다. 그게 뭐 그렇게 어렵고 대단한 일이라고. 대신 자기 멋대로 생각하고 자기 멋대로 해석하고 자기 멋대로 결론을 내는 태도를 그들은 가지고 있었다. 자신만의 당위성에 갇혀서 자신만의 옳음을 주장하고 그것이 맞아야만 하는 또 다른 당위의 철갑을 두른 인간들. 사실 상황을 답답하고 갑갑하게 만들고 있는 것은 자신이기도 한데, 늘 남 탓을 하고 그래서 문제가 해결되지 않는 그런 종류의 사람들. 화살표가 가리켜야 할 방향이 잘못된 사람들. 네가 바뀌어야, 네가 수용해줘야, 네가 인정해줘야, 네가 알아줘야 그 다음에 내가 해줄께라는 식의 요구. 감옥도 스스로 짓고, 스스로가 들어가 스스로 열쇠를 쥐고 있으면서도 모르는 것 같은 사람들. 답이 없다. 질문을 잘 못해서 그런 것 같다. 스스로에게도 타인에게도 질문을 잘해야 답을 잘 찾을 수 있는데 참 질문을 못한다.

왜 질문을 하는 것이 누구에겐 그렇게 어려울까? 그 해답은 오늘 아는 사람이 되신 옆 자리 선생님과의 대화에 답이 있었다. 직면하기 싫어서. 이것이었다. 진짜 아무 생각없이 막 뱉어대는 질문 말고, 올바른 질문을 하려면, 바로 보아야 하는데, 이것은 때론 모름을 인정해야 할 수도, 다름을 인정해야 할 수도, 아픔이나 슬픔을 마주해야 할 수도 있는 것이라, 웬만하면 하고 싶지 않고 매우 껄끄러운 것일 수도 있다. 하지만 직면하고 바로 보고 질문하지 않으면 다음 단계로 넘어갈 수 없다. 문제가 해결될 수도 없다. 살짝 아닌 척 모른 척 덮고 해결된 것처럼 보이게도 하지만 결국엔 더 커진 문제가 나타난다. 도대체 질문, 그게 뭐 길래.

그런데도 질문이 어려워 보이는 사람들을 주위에서 어렵지 않게 만난다. 고민이다. 대뜸 먼저 설명을 해 줄 수도 없고 그냥 그러려니 넘어가기도 좀 그렇고. 어렵다 마음이. 그러나 부디 바라기는, 자기안에서만 맴도는 외로운 상황을 벗어나, 나에게 꽂힌 시선을 돌려 궁금한 건 물어보는 그런 질문하는 사람들이 많아졌으면 한다. 질문한다고 누가 헤치지 않으니. 그리고 또 아는가, 그 질문이 나의 삶에 어떤 행복을 가져다줄지.

중기_의미를 찾아서
잃어버린 조각을 찾습니다

퍼즐을 맞추다 보면 한번쯤은 꼭 겪는 것. 전체 조각이 몇 개로 나뉘어졌든 꼭 일어나고야 마는 것. 온 신경을 쏟아 조심을 해봐도 몇 번을 겪을 수도 있는 것. 다음에는 조금 더 주의를 기울여야지 다짐에 다짐을 해보지만 그래도 어김없이 또 일어나기도 하는 것. 어디로 갔을까 한참을 찾아도 보이지 않다가 때로는 거짓말 같이 어디선가 스윽 발견되기도 하는 잃어버린 조각. 그 작은 조각이 뭐라고 계속 신경이 쓰이는지. 다른 부분을 맞추다가도 돌아보고 또 돌아보게 되는 작은 빈자리. 인생도 어쩌면 퍼즐과 비슷하지 않을까, 누군가의 살아온 인생의 이야기를 들으며 문득 이런 생각이 들었다.

퍼즐을 맞춰보면 쉽게 알 수 있는 것이, 테두리 조각들은 비교적 그 형태가 맞추기 쉬운 편이라는 것이다. 한쪽 면, 혹은 두면이 막혀 있기 때문에. 그래서 퍼즐을 맞출 땐 보통 테두리 부분에서부터 시작을 한다. 그리고 테두리가 완성이 되고 나면 큰 그림이나 특징적인 색깔, 혹은 도드라진 그림으로 맞추는 순서가 옮겨간다. 구분하기 쉬운 것부터 세밀한 부분으로. 결이 비숫한 조각들을 모아 완성을 향해 나아간다. 사람마다 저마다의 방식이 조금씩 차이가 있겠지만 대부분은 이런 방식을 따른다. 쉽게 쉽게 들어맞는 부분들을 맞출 땐 신이 막 나기도 하다가 이내 막히는 부분들이 나타난다. 그 때 즈음 되면 이제 지겨운 마음이 슬며시 피어나면서 왠지 어깨가 좀 뻐근한 것 같기도 하고 뒷목도 좀 땡기는 것 같은 기분이 든다. 그럴 땐 쉬어 가야 하건만, 조금만 더하면 될 것 같은데 조금만 더 하는 그 거부할 수 없는 유혹적인 생각이 꾸역꾸역 작은 조각들을 노려보게 만든다. 여기만 맞추면 해결될 것 같은데 하는 마음. 여차 저차 이런 과정들을 몇 번쯤 반복하고 나면 얼추 그림들이 맞춰진다. 그리고 이제 진짜가 나타난다. 거의 완성인 것 같은데 어디로 숨었는지 찾을 수 없는 한 조각. 눈에 띄는 작은 빈 자리.

보통 사람들은 '당신의 이야기를 좀 들려주시겠어요' 라고 질문을 하면 처음엔 매우 어색해하거나 당황스러워한다. 그럴 땐 마치 퍼즐을 테두리부터 맞추듯, 개인의 가장 가장자리에 있는 주제에 대한 질문부터 시작하면 조금은 수월하게 대화를 진행할 수 있다. 가족에 대한 이야기, 학교에 대한 이야기 혹은 직업에 대한 이야기 등등. 나를 둘러싸고 있는 것들에 대해 질문을 하다 보면 점점 그렇게 될 수밖에 없다는 듯이, 사람들은 마음 속 내밀한 곳으로 점점 눈길을 돌려 자신의 이야기를 발견하고 꺼내어 놓는다. 개인의 경험이, 그 특징들이 잘 묻어나는 이야기들이 조금씩 윤곽을 드러내고 결을 따라 모아져 작은 그림들이 군데 군데 완성이 되기 시작한다. 나를 아프게 했던, 슬프게 했던, 화나게 했던 때론 웃음짓게 했던 그런 이야기들이 제각기 자신들만의 모양으로 선명하게 나타난다.

어떤 이야기들은 때론 너무 선명해서 큰 어려움 없이 잘 맞춰지기도 하지만, 어떤 이야기들은 완성이 되기까지 수많은 장애물들을 넘어야 하기도 한다. 기억 자체가 흐려 모양을 알기 어렵거나, 기억하고 있던 결이나 색이 잘못되어있는 경우도 있다. 어떨 땐 다른 곳에 있어야 할 조각이 엉뚱한 곳에 와 있기도 해서, 제자리를 찾느라 다른 이야기들을 모두 다시 살펴보아야 할 때도 있다. 하지만 이런 수고로움은 하기만 한다면, 반드시 생각지 못했던 선물을 가져다준다. 절망을 뛰어넘을 희망으로, 무엇이든 해낼 수 있을 것 같은 용기로, 얼었던 마음을 녹이는 감사로, 때론 무한한 자유를 품은 감사로.

이 선물들은 또한 퍼즐을 맞출 때 찾아오는, 그만두고 싶어지는 그 고비의 때 와도 비슷한, 꼬일 대로 꼬여 풀리지 않을 것만 같은 이야기를 풀어나가야 할 때의 어려움을 넘어갈 수 있는 힘을 주기도 한다. 그리고 이 고비는 거의 막바지에 찾아온다. 중요한 것이 항상 가장 마지막에 오듯이. 게임에서도 가장 마지막에 버티고 있는 왕을 이겨야 승리하는 것처럼. 이야기의 완성도 똑같다. 차곡차곡 쌓아 이제 거의 다 온 것 같은데, 고난과 역경을 넘어 여기까지 왔는데 끝판왕이 등장한다. 꼭. 가장 마지막 조각. 그것이다. 그것만 있으면 그림이 완성이 되는데 어디로 갔는지 찾아 헤맨다. 개인의 이야기에서도 이 마지막 조각이 어김없이 등장한다. 그리고 나에게 가장 중요한 이야기라면 더

더군다나 꼭.

사실 그 마지막 조각을 찾는 과정은 퍼즐의 그것과는 비할수 없이 어렵다. 왜냐하면 저마다의 이유와 사연으로 그것을 잃어버렸기 때문에. 바로 앞에 있지만 보지 않으려 애쓰다 영영 없다고 생각하는 경우도 있고, 나만이 아는 곳에 꽁꽁 숨겨두었다가 자신마저도 그 자리를 잊어버린 경우도 있다. 잃어버렸다는 것 자체를 잊어버린 경우도 있다. 하지만 여기서 반드시 기억해야 할 것은, 마지막 조각이 비어있음을, 그 자리에 있어야 할 조각이 없다는 사실을 알게 되기까지 내가 완성한 이전의 다른 이야기들이 나에게 건넨 선물들이다. 선물들이 건넨 그 힘으로 다시금 잃어버린 조각을 찾는 여정은 계속된다. 그 동안의 늘어난 실력과 자신만의 노하우가 총동원되어 찾아야 하는 것이 바로 이 마지막 조각이다. 찾는데 들어간 노력의 크기만큼, 아니, 사실은 그보다 더 나에게 소중하고 의미있는 나만의 이야기 조각이다. 어쩌면 가장 소중하고 귀한 것이라 숨긴 것일지도 모른다. 그것이 내게 어떤 의미인지 나만이 알기 때문에. 그것을 지키고 싶은 간절한 마음을 담아.

잃어버렸던 그 마지막 조각을 찾아 그림이 완성되는 순간. 그 순간은 말로는 설명되지 않는, 설명될 수도 없는 그 이상의 것들이 담겨있다. 어떤 몰아치는 감정의 소용돌이가 일기도, 마음에 지진이 나 모든 것이 붕괴되는 듯한 느낌을 받기도 한다. 마치 폭탄의 점화 버튼을 누르는 것만 같기도 하고, 마지막 껍질을 벗겨 드디어 진짜 알맹이를 확인하는 순간인 것 같기도 한. 그러나 이 순간이 지나고 나면, 이전엔 상상할 수 없었던 것들을 경험할 수 있다. 간혹 새로 태어난 것 같은 느낌마저 들기도 하니 말이다. 황무지 같았던 곳에서 생명이 솟아나고 흩어졌던 것들이 모여 웅장한 무엇이 되기도 한다. 이전의 괴로움을 말끔히 씻어낼 만큼의 좋음이다. 그 좋음이 우리의 삶을 계속해서 살아가게 하고 또 새로운 이야기를 하게끔 한다.

무언가를 잃어버린 것 같다면 찾으면 된다. 단 잃어버렸다는 것을 잊지 않아야 한다. 그리고 그 조각들은 어디에선가 간절히 찾아지기 만을 기다리고 있을 것이다. 더 온전해지기를 바라면서.

이드가 살아있다

살면서 한번쯤은 들어보았을 그 이름. 요즘 같이 심리와 내면에 관심이 높아진 때에 자주 언급되는 그 이름. 바로 '지그문트 프로이드' 이다. 정신 분석이라는 분야를 논함에 있어 빠질 수 없는 인물. 그는 인간의 마음을 구조적으로 해석하였다. 그리고 그것이 그 유명한 원초아(이드,Id), 자아(에고,Ego), 초자아(Super Ego) 이다. 각각은 그 맡은 역할이 다르고, 성격이 달라 때에 따라 적절히 나타나고 사라지지만, 적절하지 않은 때도 많아 그 조절의 과정안에서 나타나는 각 구조 간의 갈등과 충돌은 사실상 필수적인 요소이기도 하다.

이들 중, 본능에 충실하고 쾌락 원칙에 따라 움직이는 이드는 가장 사고 뭉치이기도 하고, 큰 에너지를 가지고 있기도 하다. 욕구의 만족을 향해 질주하는 이드는 때때로 위험하기도 해서, 자체적으로 이를 막는 역할을 하는 것이 있는데, 이것이 초자아이다. 그리고 이 초자아의 역할은 인간이 문명과 사회를 이루고 살 수 있는 것을 가능케 한 것이기도 하다. 사회의 욕구를 반영하고 따르는 것이 초자아의 역할이기도 한 것이다. 그래서 개인의 욕구를 대표하는 이드와 사회의 욕구를 대변하는 초자아는 늘 싸운다. 이를 잘 조절해야 하는 것이 자아(Ego)의 역할이지만 갈등을 중재하는 것은 여간 어려운 일이 아니다.

그래서 보통, 사람들은 중재보다는 한 쪽을 꽉 눌러버리거나, 없는 것처럼 여기거나 보지 않으려 애쓰기도 한다. 그리고 문명 속에서, 사회의 한 구성원으로써 살아가다 보니, 대개는 개인의 욕구를 위해 활동하는 이드가 자주 져주거나 피해를 본다. 이드의 활발한 활동으로 개인이 얻는 보상보다 초자아의 활동을 통해 얻는 개인의 이득이 훨씬 더 크기 때문이기도 할 것이다. 사회가 기대하는 것, 문명에 적응적으로 살 수 있게끔 도와주는 안내자가 바로 이 초자아이다.

그러나 늘 그렇듯, 균형이 깨지는 상황이 발생하고 문제가 생긴다. 얌전히 있을 이드가 아니기 때문이기도 하고, 개인의 욕구나 만족도가 현저히 떨어지게 되면 참을 수 없는 어떤 감정이 생겨나기도 하기 때문이다. 그래서 생기를 잃은 것 같이 느끼거나, 너무도 커져버린 불만 때문에 종종 사람들을 항해, 인간 다움을 잊은 채 욕구를 발사하는 폭발이 일어나기도 한다. 분명히 살아서 존재하고 있건만, 그런 이드를 무시하고 또 무시했을 때 일어날 수 있는 무시무시한 일들이다.

사회안에서 살아가야 하니, 초자아가 자신의 역할을 할 수 있게끔 하면서도 만족스러운 삶을 살 수 있도록 이드의 마음도 존중해 줄 수 있는 방법을 아는 것은 그래서 매우 필요한 일이다. 그렇다면 그 방법들은 어떤 것들이 있을까. 둘 사이의 치열

한 갈등을 잠시 휴전 상태로 만들 수 있는 방법은 과연 어떤 것이 있는 것일 까. 개인의 욕구를 충분히 만족시키면서도 그것이 사회적으로 수용적이고 적응적일 수 있는 방법은 과연 어떤 것들이 있을 수 있을까.

매우 어렵다고 느낄 수 있는 질문들이다. 답이 쉽사리 떠오르지 않을 수도 있는 질문들이다. 그러나 생각해보면 그리 멀지 않은 곳, 바로 '아름다움'에 그 답이 있다. 아름다운 것을 보고 느낄 때 받는 감동 혹은 쾌락이라고도 해석할 수 있는 그것이다. 개인의 욕구를 채울 수 있기도, 사회가 기대하는 욕구를 충족시킬 수 있기도 한 그것. 이드와 초자아의 싸움을 잠시나마 소강 시킬 수 있는 것.

생각해보면 누구든, 숨막히게 아름다운 자연 앞에서 느꼈던 어떤 장엄한 숭고미나 예술가들을 통해 표현된 미술 작품들 혹은 음악들을 통해 느꼈던 아름다움이란 감정들을 떠올릴 수 있을 것이다. 혹은, 인류애를 실천하는 어떤 사람의 모습에서도 느낄 수 있는 아름다움. 다양한 모양과 형식을 통해 우리는 아름다움을 경험할 수 있다. 그리고 그 순간들을 떠올려 보면 저마다 자신만이 알고 있는 어떤 느낌이 있을 것이다, 말로 설명하기 어렵기도 하지만.

그런 느낌들이 어떻게 쾌락이 될 수 있을까 질문을 할 수도 있겠다. 어떻게 그런 감동이 개인의 욕구를 충족시켜줄 수 있을까 의문이 들 수도 있겠다. 그렇다면 일단, 그 순간을 떠올려보고 그 순간의 느낌을 다시 한번 최대한 느껴보라고 이야기하고 싶다. 아름다움이라고 명명할 수 있는 것을 느꼈을 때 과연 나의 반응은 어땠는가. 아마도 잠시 아무 생각이 들지 않았을 수도, 마음이 고요해졌다거나 눈물이 핑 돌았다거나, 잠시지만 내안에 무언가가 꽉 차는 듯한 느낌이 들지는 않았는지. 그리고 잠시였을 수도 있겠지만 그 이후 설명할 수 없는 만족감이 들지는 않았는지. 그렇다면 그것이 그것이다. 나는 나의 살아있는 이드를 있는 그대로 잘 느끼고 그 요구를 들어준 것이고, 초자아는 그것을 저지할 필요 없이 함께 편안히 있을 수 있었던 그런 상태. 누가 먼저 인 것도 없고 하나가 만족되면 하나는 포기해야 하는 상황도 아닌 그런.

인간은 원래 이기적이라 함께 살아가는 것이 어렵다. 각자의 욕구들이 충돌되기 때문에 모두의 욕구를 다 충족시키는 것은 현실에선 일어나기 어려운 일이다. 그러나 함께 사회를 이루고 문명을 이루며 살아가기 위해 참고 또 참는다. 하지만 중요한 것은 인간은 살아있는 한 자신의 욕구의 충족을 위해 노력하며 살아가는 존재라는 점이다. 그리고 이 중 어떤 것도 비난하거나 비판할 수 없다. 사실 둘 다 필요하다는 이야기다. 인간은 혼자 살아갈 수 없는 존재이기도 하면서 자신을 위해 살고 싶어하는 존재이기도 하다. 그렇다면 대안을 생각해봐야 할 것이다. 나의 만족과 타인의 만족을 지키면서 사회와 문명을 헤치지 않는 방법을 간구해야 할 것이다. 너무 거창하게 들릴지도 모르겠다. 그러나 개개인의, 하나하나의 존재는 소중하고 특별하니까. 그것이 무시되거나 제외되면 큰 문제가 일어나기도 하니까. 점점 더 살기 팍팍 해지는 것 같은 요즘. '아름다움'에 대한 재평가가 이루어져야 하지 않을 까 생각해본다. 살아있는 이드를 잘 존중해주기 위해서. 더 나은 방향을 향하는 공존의 방법을 모색하기 위해서.

그리고 ...
에필로그

어느 소녀가 있었다. 그 소녀는 혼자 있는 것을 좋아해서 늘 조용히 놀곤 했었다. 하지만 친구들이 없는 것은 아니었다. 누군가 손을 내밀어 주기만 하면 마다하지 않았던, 그러나 관계 안에서의 갈등은 무지무지 피하고 싶어했던 소녀였다. 때때로 소녀는 조용히 자연안에서 꽃들과 나무들과 풀들과 시간을 보내는 것을 좋아했다. 그저 조용히 자기 자리에 있는 그 모습에서 아마도 큰 안정감과 어떤 소속감 같은 것을 느꼈을지도 모르겠다.

그 소녀는 늘 자신의 존재의 출발이 궁금했었다. 나는 어디로부터 온 걸까. 소녀는 자신만의 생각이라는 것이 싹트고 자라나면서부터 이 심각한 고민을 시작했다. 답을 찾아가는 것이 어떤 것을 의미하는 지도 모르는 채로 그렇게 여러 갈래의 생각들을 펼쳐가면서 다양한 지식과 정보들을 모아가면서 소녀는 계속해서 그 답을 찾아 헤맸다.

그러던 어느 날, 자신이 가진 질문에 대한, 그 질문이 시작된 '이유'가 궁금해진 소녀는 또 다른 고민을 하기 시작했다. 그리고 어느새 자신이 꽁꽁 숨겨두었던 것들을 하나씩 다시 찾기 시작했다. 돌아선 모퉁이에 무심히 떨어져 있었지만 주목하지 않았던 것과 같았던 것들을.

그렇게 하나씩 발견하고 찾아내고 떠오르는 것들을 잘 건져내어 소녀는 자신의 존재와 모습을 차곡차곡 만들어 나갔다. 비었던 부분을 메꾸고, 잘못 끼워져 있던 부분을 고쳐 끼우고, 막혔던 부분은 원활히 흘러가도록. 꼭꼭 묶어 두었던 부분은 느슨히 풀어주기도 하면서. 물론 이 과정이 쉽지만은 않았고, 모든 경험이 좋았던 것도 아니었다. 다만 시작한 것을 끝내고 싶은 마음으로, 그저 멈추고 뒤돌아설 수 없다는 마음으로 소녀는 계속해서 나아갔다.

시간이 흘러 소녀는 어른이 되었고, 질문에 대한 답을 찾는 과정은 여전히 계속되었다. 마치 영원히 끝나지 않을 것만 같이. 그러나 부지런히 모은, 진심과 정성을 들여 겪어낸 시간들이 모여 답으로 향하는 어떤 길이 나타났다. 하지만 그 길을 나서는 것은 어른이 된 소녀에게 그리 쉬운 일이 아니었다. 머뭇 댐과 망설임의 시간을 지나 결국 그 길을 떠나는 것 밖에는 자신이 염원하는 답을 얻을 방법이 없다는 것을 깨달은 소녀는, 나름 굳은 결의를 다진 후 길을 나섰다. 어떤 답을 얻게 될 지 상상도 할 수 없는 마음으로.

어렵게 시작된 여정은 생각보다 그리 어렵지 않았다. 어려움을 만나더라도 이전의 경험들이 나타나 도움이 되고 해결을 할 수 있는 지혜가 생각나도록 도왔다. 그렇게 걷고 또 걸어 어른이 된 소녀는 어딘가에 다다르게 되었다. 바로 질문이 시작된 그곳이었다. 그리고 다시 보게 되었다 그 모든 것들을. 알기를 소원했던 그 답은 사실 늘 자신과 함께 있었던 것임을.

그렇게 하나의 긴 여정을 마치고선 어른이 된 소녀는 생각했다. 이후의 걸어갈 길들에 대한 기대감도, 어떻게 걸을 지에 대한 다양한 방법도, 이제는 어렵다고 느끼지 않게 되었음을. 그리고 어른이 된 소녀는, 더 나아가 다시 길을 잃을 수도 있는 상황에 대해서도 생각했다. 그래서 시작되었다 지금까지의 이 모든 글들이. 이제까지의 과정과, 지나온 길들을 잊지 않기 위하여. 얻은 것들과 포기해야 했던 것들과 그래서 결국 가지게 된 소중한 것들에 대한 기록을 남기기 위하여.

──────

제 5 장

하루

이인혜

하루
오늘 하루 저를 찾아보기로 했습니다

이 인 혜

어린 시절을 지나 평범한 10대가 되었고 일과 학업을 병행하는 20대가 되었다. 20대는 여유라곤 찾아볼 수 없었고 삐뚤어질 때로 삐뚤어진 성격뿐이었다. 길고 긴 20대를 지나 20대와 다른 마음가짐을 가지고 30대를 살아보고자 하는 감정적인 작가 이다.

instagram: @in_d.w, @hye_ay
homepage: https://www.leehyeya.com

목 차

에필로그

1부 오전, 예전의 나를 찾아서

#1 am9:00 첫밗[1]

시골에서도 시골인 곳에서 꼬마들이 뛰어다녔다.

"와 아아~"

꼬마 무리 속에는 유난히 눈에 띄는 아이가 있었다.

옹알이도 떼지 않은 거 같은 여자아이.

그 무리가 동네를 한참을 헤지고 다닐 때쯤 큰 유리창을 지나갔다.

그 순간 작은 여자아이는 그 곳에 멈췄다.

무리의 대장 아이가 큰 소리로 불러도 대답이 없었다.

"야, 꼬맹이 안 따라오고 뭐해 빨리 따라와."

여자아이는 한참을 창문 안을 들여다보고 있었다.

대장 아이가 여자아이에게 다가가 옷깃을 잡아당겨지고 발걸음을 옮겼다.

집으로 돌아온 작은 여자아이는 엄마에게 달려가 다급한 목소리로 불렀다.

---

1 첫밗: 일이나 행동의 맨 처음 국면(출처: 네이버어학사전).

"엄마! 엄마!"

그 순간 엄마의 옷깃을 잡아당기며 집 문을 향했고 걸었던 길들을 되새기며 향했다.

그리곤 유리창 앞에 멈춰 작은 손으로 가리켰다.

엄마는 큰 유리창 안을 한참 들여다보며 생각이 많아졌다.

다음날 즐거운 표정을 하며 자기 몸 보다 큰 사각형 노란 가방을 메고 짧은 다리로 걸어갔다. 도착한 곳은 큰 유리창 앞을 지나 그 옆에 유리문을 열고 안으로 들어갔다.

그곳에는 조그마한 책상과 의자가 가득했고 누군가에게 고개를 꾸벅하곤 작은 의자에 앉아 가방 속 크레파스와 켄트지를 책상 위로 꺼내 그림을 그리기 시작했다.

여기가 처음 다닌 미술학원이었다. 이렇게 그림을 처음 배우게 되었다.

어릴 적 그냥 그림만 좋아하는 평범한 아이였다.

#2 am10:00 두 살 터울 남동생

"왜, 나만 차별하는 거야!"

소리를 지르며 서러운 듯 울음을 터트렸고 그 옆에서 얄미운 표정으로 비웃고 있었다.

"그럼 네가 먼저 태어나던가."

명절마다 큰집에서 집으로 돌아가는 차 안에선 차별에 대한 서러움으로 동생은 항상 울음을 터트렸다.

그 이유는 난 막대 아들의 첫 소녀였고, 첫째 딸의 첫 손녀였다.

그런 나와 동생은 세뱃돈에서 꽤 차이가 났기 때문에 동생은 눈물을 보였다.

적은 금액을 받은 동생에 비해 난 욕심쟁이였다. 동생의 돈을 탐냈기에…….

"오늘은 어디에 숨겼을까?"

한참을 뒤적거린 뒤 카세트 안에서 돈을 발견했다.

"오늘은 어디에 숨겼을까?"

오늘은 액자 뒤였다. 때론 컴퓨터 본체 안에 있을 때도 있었다.

"내놓으라고! 누나가 가져갔잖아."

"나 아닌데?"

"나보다 많이 받으면서 왜 가져가냐고!"

"나 아니라니까?"

동생은 항상 서러움으로 계속 울었고 그런 동생을 괴롭히는 게 제일 재미있었다.

오만원 신권이 생길 때 일이다.

고등학생인 동생은 이제 면역력이라도 생긴 듯 내가 돈을 훔쳐 갈걸 예상하고 내가 찾기 어려운 곳에 숨기기 시작하였다. 하지만 난 그걸 기똥차게 찾았다.

이에 지친 동생은 나중에는 아에 돈을 숨기지 않고 눈앞에 놔두겠다며 책장에 올려놓았다.

훔쳐가면 바로 알 수 있도록 말이다.

그런 난 그 오만원 지폐를 오천원 지폐와 바꿔치기했다.

다행히 동생은 한 달 넘도록 몰랐다.

바꿔치기한 걸 까먹고 있을 때쯤 어느 날 동생이 전화가 왔다.

"여보세요?"

"미친 거 아냐? 어이가 없네? 내가 얼마나 개쪽당한 줄 알아? 내놓으라고 내 돈 50,000원! 내놓으라고!"

"나 아닌데?"

"왜 웃으면서 말하는데?, 진지하게 내놓으라고!

난 그것도 모르고 편의점 가서 먹을 걸 엄청나게 사고 계산하는데 편의점 직원이 이거 오천원이라고 말해서 아니라고 우겼다고."

이렇게 난 동생을 괴롭히고 장난치는 걸 좋아하는 남동생 있는 평범한 10대 여자아이였다.

어느 날 친구들과 카페에 갔다.

친구들과 이야기하다가 소꿉친구 주제에 관해 이야기를 했고 친구가 나에게 물었다.

"너는 소꿉친구가 누구야?"

친구의 질문에 한참 고민하다 동생이 제일 먼저 떠올랐다.

두 살 터울인 우리는 맞벌이인 부모님으로 방학 때면 큰집, 외갓집, 이모집 등 돌아다니며 지냈고 의지할 사람이라곤 서로였다. 그리고 같이 놀 사람도 서로였다.

"우리 공주 놀이하자. 너 예쁜 옷 입어. 내가 시녀 할게."

"싫어!"

"이거 하고 난 뒤에 레고 놀이할게."

"그래. 그럼 시녀 하지 말고 승마해."

"알았어. 알았어. 공주님, 제 등에 타세요."

이렇게 우리는 공주 놀이와 레고 놀이를 번갈아 가며 했고, 서로를 맞췄다.

초등학교 여름방학 때는 대부분 외갓집에서 지내면서 일어난 일이었다.

과수원을 하던 외갓집에 먹을 거라곤 거의 과일 뿐이었다.

과자를 먹고 싶었던 우리는 할아버지에게 말했다.

"할아버지, 슈퍼 가려면 어디로 가야 해요?."

"이 길을 계속 가다 보면 작은 슈퍼가 하나 있어."

모른 곳이라서 할아버지와 같이 가고 싶었지만

새벽마다 일어나 아침 식사도 거르시고 밭에 나가서 농사일하시는 할아버지에게 차마 말을 꺼낼 수가 없었다.

동생 손을 꼭 잡고 할아버지가 알려주신 길을 걸으며 슈퍼로 향했다.

예움길[2]을 걸으며 하늘에는 꽃구름이 우리를 영화 같은 장면으로 만들어 주기도 하였다. 우리는 한참 동안 서로를 의지하며 걸었다.

동생을 괴롭히기도 하고 의지하기도 하며

가깝게 지내는 10대 여자아이였다.

지금은 왜 아무에게도 의지하지 않는 걸까?

---

2 예움길: 굽은길(출처: 네이버어학사전)

#3 am11:00 의지

2부 오후, 지금의 나를 찾아서

#4 pm12:00 편의점

고등학교 생활은 학교 정규수업이 끝나면 미술학원으로 향했다. 학원 수업이 시작하기 전에는 주로 친구들과 떡볶이나 편의점에서 끼니를 때웠다. 우리는 대학생이 되면 맛있는 저녁 식사를 가질 거라고 꿈꿨다.

"난 저녁에 스테이크를 썰 거야."

"난 저녁에 매일 술을 먹으면서 밥 먹을 거야."

이런저런 이야기를 나누며 고등학교 시절을 견뎠다.

꿈에 그리던 학교는 아니었지만, 미대를 진학하여 친구들과 나누었던 이야기들을 이룰 수 있다는 생각에 들떴다. 하지만, 영화와 현실이 다른 것처럼 우리의 현실도 생각과 달랐다.

고등학교 수업보다 빡빡한 대학교 수업들. 특히 전공수업 2학점은 4시간이었고 2과목을 신청한 날이면 8시간 풀강(9:00~6:00까지 수업)이었다.

수업마다 쉬는 시간이 당연히 있겠지만 그림 그리다가 중간에 쉬지는 못하니까 자유롭게 쉬는 시간을 주는 수업이 대부분이었다. 실상은 쉬는 학생들이 그리 많지 않았다. 그래서인지 저녁은 커녕 점심 먹을 시간조차 없었다. 그리고 저녁에는 과제하랴, 공모전 하랴, 자격증 학원 다니랴. 식사를 대충 때우기에 바빴다. 4학년 때는 편의점 김밥만 보면 토할 지경이었지만 신메뉴는 구세주나 마찬가지였다. 여느 때처럼 김밥으로 식사를 때우며 친구들과 이야기를 나눴다.

"진짜 이 지긋지긋한 김밥 졸업하면 절대 안 먹을 거야."

"고등학교 때 김밥, 대학교 때 김밥⋯⋯.

졸업하면 맛있는 식사를 할 거야."

회사 생활하면 맛있는 식사를 할 수 있을 거라는 기대와 함께 어느덧 대학교를 졸업했다. 그리고 좋은 직장은 아니지만, 디자인 회사에 취직해 출근하게 되었다.

출근 첫날 근사한 건물로 들어가는 모습은 스스로 뿌듯했고, 회사 사람들과 맛있는 점심을 먹을 거라는 기대에 부풀었다. 그렇게 기다리는 점심시간이 다가왔다.

"과장님, 점심 식사 어떻게 하시나요?

대리님, 점심 식사 메뉴가 먼가요?"

직원들 한 명 한 명에게 종알종알해댔다.

하지만 기대와 달리 바쁜 시즌에 입사한 터라 다들 각자 업무에 바빠 편의점에서 샐러드를 사서 점심을 먹었다. 그렇게 바쁜 생활로 편의점과의 관계는 끊어지지 않았고, 제2의 엄마 밥 같은 존재가 되었다.

영화처럼 디자인회사는 이쁜 옷을 입으며 일하는 것처럼 보이지만 현실은 정말 다르다. 괜히 3D직종[3]이 아니다. 요새는 그나마 야근도 많이 줄고 복지도 많이 좋아졌다고 하지만 창작의 고통은 어려운 일이다. 난 10대를 지나 20대 대학교 시절을 지나 평범하고 바쁜 직장인이 되었다.

---

3 3D직종: difficult어렵고, dirty더럽고, dangerous위험한 일(출처: 네이버어학사전)

#5 am13:00 울부-짇따

어느 날 길을 걷다가 마주하게 된 일이다.

고요한 산책로에서 한 여자가 벤치에 앉아 울부짖고 있었다. 여느 때처럼 마른세수를 한 채로 운동복을 입고 기숙사를 나왔다. 도서관에 가기 위해 매일같이 걷는 조용한 산책로를 걸어가고 있었다. 오늘은 평소와 다르게 어딘지 모를 여자의 울부짖는 소리가 들려왔다. 소리가 울리는 곳을 찾기 위해 내 시선은 바빠졌다. 수많은 벤치 중 한 벤치에 허름한 모습을 한 여성이 앉아 있었고, 그 옆에는 고물상을 싣고 있는 수레가 있었다.

"아버지, 도와주세요. 아버지, 제발 도와주세요. 제발……."

여자는 계속 비슷한 말을 외치며 울부짖고 있었다.

그 여자를 쳐다보는 사람들은 다양한 표정들을 가지고 있었다. 눈가가 촉촉해진 사람도 있었고, 저 여자가 왜 저러고 있을까 의문을 가진 사람도 있었고. 그들 속 나 역시도 많은 생각이 들었다. 저렇게 되기까지 무슨 사연이 있는 걸까…….

20대인 나 역시도 누군가의 도움이 절실히 필요했고 의지할 상대가 필요했지만 무거운 짐을 가족과 함께하고 싶지 않았다. 나에게 대학 생활은 여유롭지 못하여 누구보다도 바빴기 때문이다.

#6 am14:00 나 돌아갈래

"옛날로 돌아가고 싶다."

친구의 말에 인상을 찡그리게 되었다.

친구들과 카페에서 커피를 마시며 이야기했다.

현재 이야기, 미래 이야기, 옛날이야기

그러다 친구는 말했다.

"고등학교 때로 돌아가면 더 열심히 놀 거야."

난 그 말에 치를 떨었다.

다신 20대를 거치고 싶지 않기 때문이다.

그때의 일상은 대부분 학교에서 보냈기에…….

나의 예전 인스타 피드를 보면 알 수 있었듯이 대부분 기숙사에서 찍은 사진들, 때론 도서관이었고 학교 벤치였다. 죽도록 학교에만 있었던 것은 아니지만 대부분 학교에서 시간을 보냈다. 명절이든 주말이든…….

학교의 생활이 나쁜 추억만은 있었던 것도 아니고 좋은 추억들도 꽤 있었고 재미있었던 일들도 많았다.

하지만 나의 20대는 대학교를 졸업하고 회사에 다니며 석사를 준비하여 입학하였고 졸업하였다. 그리고 본가로 내려가 회사 생활을 하였다. 이렇게 학업과 일을 병행하면서 두 마리 토끼를 잃어버렸기 때문이다.

석사를 졸업했지만, 이걸로 크게 뭔가 바뀌지 않았고 대단한 직장을 구하지도 못하고 흐지부지한 생활이 지나가 버렸다.

그렇다고 후회하지도 다신 돌아가고 싶지 않다. 너무 힘들었기에…….

누구나 힘든 시기가 있었을 거다. 난 이 시간이 힘든 시기였다.

인스타의 사진들을 다 보관함에 넣었고, 20대의 평범한 생활도 함께 넣었다.

내가 원하는 삶을 살아보기를…….

나 답게 살아보기를…….

#school #library #Park

#7 pm18:00 착하게만 커다오

"착하게만 커다오."

할머니는 나의 머리카락을 빗고 땋아주시며 말씀하셨다.

"할머니, 저 착해요. 왜 자꾸 착하게 살라고 하시는 거예요?"

"대단한 사람이 되지 않아도 되니, 항상 착하게만 커다오."

'착하게'라는 지긋지긋한 단어.

난 바쁘다는 핑계로 할머니를 자주 뵙지 않았다.

어느 날 본가에 내려와 쉬고 있었는데, 뜬금없이 아버지가 내일 할머니에게 가자고 하였다.

다음날 일어나니 이상한 기분이 들었다.

"아버지, 몇 시에 출발할 거예요?"

"다음에 가자."

"오늘 가야 해요."

아버지는 컨디션이 안 좋다며 다음에 가자고 말하였지만 난 완강히 가야 한다고 하였다. 우여곡절 끝에 도착한 곳은 할머니 집이 아닌 요양병원이었다. 우리 가족은 요양사의 안내를 받으며 할머니 있는 곳으로 발걸음을 옮겼다. 통통한 할머니는 온데

간데없고 살이 많이 빠져 홀쭉한 할머니가 홀로 침대에 누워계셨다.

요양사가 말하였다.

"할머니, 방금 식사하시고 잠드셨어요."

아버지는 할머니를 보고 울컥하셨는지 자리를 피했고 난 한참 동안 할머니를 바라보며 눈물을 흘렸다. 주무시고 계시는 할머니 얼굴에도 눈물이 흘러내리고 있었다. 할머니를 뵙고 한 주가 지나지도 않을 때쯤 평소와 똑같이 수업을 듣고 친구들과 수다를 떨고 있던 와중 휴대폰의 진동이 느껴졌다.

"여보세요?"

아버지의 흐느끼는 숨소리에 직감할 수 있었다.

그렇게 할머니는 나의 곁을 떠나, 아버지의 곁을 떠나, 가족 곁을 떠나셨다.

시간이 지난 지금 할머니의 말들이 뭉클하게 떠오른다.

난 착한 사람인가...? 절대 아니다.

항상 시간적 여유가 없었고 마음이 불안하다 보니 상대방에게 공격적이었고 마음에 문조차 열지 않았다. 어느 날 방송에서 외국인 부모가 아이에게 "대우를 받고 싶으면 상대방을 대우해야 된다." 훈육장면을 보았다.

순간 카페에서, 병원에서의 내가 상대방을 대하는 태도와 말투들을 생각하게 되었다. 난 정말 착한 사람이 아니었다. 공격적인 말투와 태도들로 그들에게 돌아오는 건 기분 좋지 않은 말투였다. 이 일로 상대방에게 상냥하게 말하고자 하였다. 나에게 돌아온 것도 상냥함이었다. 내가 원하는 걸 얻기 위해서는 나부터 바꿔야 한다는 것을…….

#8 pm20:00 맏물

휴대폰 배경에 mama(나의 연락처에 저장한 엄마이름)라고 떴다.

"여보세요?"

"오늘 난리가 아니었어. 저녁에 신경 써서 밥을 차려줬는데, 맛없다고 투정 부리는 거야."

엄마는 동생이 한 행동에 대해 속상한 마음을 내뱉었다.

"그래요? 너무 신경 쓰지 마요. 지금은 뭐 하세요?"

"그냥, 방에 혼자 있어."

"엄마, 요리책 하나 선물해드릴까요? 요리 연습이라도 해보는 건 어때요?"

"그래. 그거 좋은 생각이다."

이렇게 처음으로 책 선물을 해드렸다. 또 다른 책과 함께. 택배 배송 날 엄마에게 전화가 왔다.

"책이 한 권 더 있네? 이건 무슨 책이야?"

"엄마 자신을 사랑하는 법을 알 수 있는 책이요."

"고마워, 딸."

예전에 난 가족에게 만원, 이만원 쓰는 걸 아까워했다.

너무 여유가 없었기에.

근데 그 만원, 이만원이 없다고 내 삶이 달라지는 건 아니었을 텐데. 왜 그리 아까워한지 모르겠다. 좁고 좁은 마음의 여유를 넓혀보고자 했고 만원, 이만원이 내 삶을 달라지게 하는 건 아니지만, 가족과의 행복 거리를 좁힐 수 있다는 것을…….

#9 pm22:00 선택

옛살비[4]에 내려가면 엄마와 산책했다.

엄마와 손을 잡고 공원을 걸으며 이런저런 이야기를 했다. 호수 안에는 물고기가 알에서 깨어났는지 자그마한 물고기가 많았고, 꽃들이 활짝 폈다.

"엄마, 저기 물고기 봐."

"저거 튀겨먹으면 진짜 맛있겠네."

"엄마, 꽃 많이 폈다."

"저거 어릴 때 많이 먹었는데."

"음... 엄마, 그러니까 돼지인 거예요."

"예전에는 날씬했는데..."

"언제요?"

"젊을 때 말이지"

엄마의 젊은 시절

나와 달랐을까?

문득 할머니가 엄마 학창 시절 이야기해준 게 떠올랐다.

---

4 옛살비: 고향(출처: 네이버어학사전)

"엄마, 어릴 때 공부 잘했다면서요."

"그래. 그때 대학교 가서 아빠를 안 만났어야 했는데"

"후회돼요?"

"후회되지."

"우리가 있잖아요. 그래도 후회돼요?"

"그건 후회가 안 되지!"

엄마의 선택, 아빠의 선택으로 생겨난 일들

엄마가 다른 선택을 했더라면

아빠가 다른 선택을 했더라면

여기 있었을까?

모든 사람이 매 순간마다 선택을 할 거다.

우리는 그 선택이 옳은지 나쁜지는 모르다 그저 세월이 지나서 가보지 못한 길에 대해 아쉬움을 가진다. 어찌되었건 순간의 선택으로 나 역시 이 글을 쓰고 있는 거다. 20대의 내 삶도 가지 못한 길에 대한 아쉬움을 남길 뿐 30대에 후회해봤자 달라지지 않는다는 것을……

그래서 20대보다 다른 마음으로 30대 인생을 달려보기로 했다.

한여름의 활자들

작가의 말

경상북도 경주 이씨 익재공파(益齋公派)39세 손으로 내가 결정한 것이 아니라 눈을 떠보니 정해져 있었다. 이와 달리 세상을 살면서 결정해야 하는 것들은 매 순간이었으며, 그 결정으로 미래가 달라진다. 그리고 선택하지 않는 길에 대해 아쉬움을 가질 뿐이다. 과거의 나와 다른 마음가짐을 가지고 싶은 30대를 살아가기 위해 생각하며 쓴 글이다.

누구나 성장통은 있기 마련이고 나의 성장통이 공감되진 않을 수 있다. 하지만 10대, 20대, 30대의 생활과 마음가짐이 달라진 나의 모습을 통해서 너그러운 사람이 되고자 한다. 그리고 이 글을 읽는 독자들도 스스로 되돌아보며 더 좋은 미래를 그려 나가길 바란다.